나는
회사를
해고
한다

선택의 기로에 선 직장인을 위한 커리어 성공 법칙

나는
회사를
해고
한다

한준기 지음

중앙 books
JoongAng Ilbo

머리말

/

회사를 해고하는 그날을 꿈꾸며

/

이 시대 수많은 직장인, 특히 인생 제2막을 준비해야 하는 불혹 즈음의 샐러리맨들 중 고용불안에 대한 걱정을 하지 않는 사람이 과연 있을까? 만일 그런 사람이 있다면 이는 눈앞의 현실을 애써 외면하려는 현실도피자이거나, 객관적인 잣대 없이 자신의 능력을 과대평가한 망상가일 것이다. 그동안 나는 내로라하는 유수 기업의 CEO들과 함께 일해 왔는데, 글로벌 톱클래스로 일컬어지는 그들 역시 커리어에 대한 고민을 심각하게 토로하곤 했다.

평생직장이라는 단어가 이미 무덤 속 고어古語가 된 세상에서 우리 직장인들의 삶은 고단하다. 만일 당신이 십수 년간 야근 마다 않고 만성피로를 이겨내며 업무에 충실해왔다면 더욱 그럴 것이다.

회사의 룰이 내 맘대로 될 수 있는 것은 아니지만, 해고의 주체가 회사가 아닌 내가 될 수는 없을까? 언제 잘릴까 전전긍긍하며 회사의 눈치를 보는 것이 아닌, 오히려 회사가 나라는 사람을 잃지 않기 위해 전전긍긍하는 상황을 연출할 수는 없는 걸까? 그래서 종국엔, 내가 어떤 상황에 처하든 두려움 없이 원하는 바를 선택할 수는 없을까?

커리어의 첫 위기가 내게 가져다 준 것

지금으로부터 15년 전쯤 나는 내 커리어에 대해 처음으로 구체적인 불안감을 느꼈다. 삼십 대 중반이었으니, 지금의 중년층에 비한다면 비교적 빨리 커리어 여정의 사춘기를 겪었다고 하겠다. 그때 나는 조직 내에서 공식적인 매니저로 첫걸음을 떼고 있었다. 규모가 제법 큰 회사에서 책임 있는 업무를 수행하게 되었다는 의욕을 느끼기도 잠시, 예기치 않게 갑자기 찾아온 커리어 위기 속에서 심한 불안감과 혼돈에 빠졌다.

당시 내 보스는 매니저로 첫 발을 뗀 나와 마찬가지로 새로운 조직에 적응하기 위해 안간힘을 쓰고 있었다. 대표이사로부터 완전한 신뢰를 확보하지 못했던 보스는 일종의 핑곗거리 내지 희생양이 필요했는지 이런저런 방법으로 나를 많이 흔들어댔다. 물론 내 업무 능력이 보스의 그런 행동—나를 정치적인 총알받이로 삼은—을 100퍼센트 반박할 수 있을 만큼 뛰어나지는 않았다. 나 역시 매니저 초년생으로 이런저런 시행착오를 겪고 있었으니 말이다. 하지만 아무리 납득하려 해도 이해할 수 없는 비상식적인 일들이 곳곳에서 벌어졌다. 그리고 얼마 지나지 않아 나를 두고 '지금 같은 식으로 계속 일을 하면 회사를 떠나야 할지도 모른다'는 루머가 회사 안에 떠돌았다.

걱정했던 퇴출사건은 일어나지 않았지만 그분은 다른 카드를 뽑아 들었다. 보고라인을 하나 더 만들어 내 위로 새파랗게 젊은 외국인 매니저를 본사에서 데려온 것이다. 설상가상으로 회사가 비즈니스적으로 위기를 맞은 터라, 나로서는 이래저래 이중고를 이겨내야만 했다. 그 스트레스가 얼마나 심했던지 몸에 이상이 와 병원에서 종합정밀검사를 받을 정도였다.

다음날 출근이 괴로울 만큼 악몽 같은 나날이었지만 이 악물고 버티는 날이 하루하루 계속되는 동안 보스의 견제 작전은 결국 실패로 돌아갔고, 회사가 처한 위기도 잘 해결되었다. 또한 정말 다행스럽게 내 실력도 본궤도에 올라 사내에서 지지자를 얻기 시작했다. 특히 보스가 나를 견제하기 위해 데려온 외국인 매니저는 알고 보니 업무능력도 뛰어나고 인성도 괜찮은 사람이어서, 글로벌 비즈니스 안목을 기르는 것은 물론 부족한 영어 실력을 끌어올리는 데 큰 도움이 되었다.

지금 생각해보면 내 첫 위기는 비즈니스 세계에서는 누구나 한 번쯤 겪을 법한 일인데, 일시적인 상황에 푹 빠져 '묵상'만 하지 않았나 싶다. 내 통제권을 벗어난 사건들에 이리저리 휘둘리며 한없이 초라하고 작은 나 자신을 발견했다.

그러나 결과적으로 그 시간들이 비단 소모적이기만 했던 것은 아니다. 남들보다 젊은 나이에 커리어에 대한 불안과 실직 위기에 봉착했던 것이 되레 약이 되었으니 말이다. 그 시간을 통해 오히려 조직의 냉정한 생리에, 세상의 흐름에 상대적으로 일찍 눈을 뜰 수 있었다. 그리고 또 하나, 나 자신에게 이런 질문을 던질 수 있었다.

"돈도 없고 '빽'도 없는 내가 주변 환경으로부터 흔들리지 않는 굳건한 커리어를 갖추는 것은 정말 불가능한 걸까?"

스스로 통제할 수 없는 현실 속에서 스스로에게 던진 그 질문이 출발점이었을 것이다. '회사를 해고하고 싶다'는 말도 안 되는 야무진 꿈을 안고 남다른 커리어 여행을 떠나는.

그 뒤로 지금까지 내 커리어 여정은 다사다난했다. 잊을 만하면 마치 변종된 바이러스처럼 이전보다 훨씬 더 복잡하고 강력한 위기들이 불현듯 닥쳤고, 그때마다 나는 온힘을 다해 맞서 싸워야 했다. 그러면서 흡사 더 강력한 백신을 접종받은 것처럼 위기에 맞서는 힘도 강해졌다. 지금의 내 모습은 도전과 응전의 반복 속에 다져졌다고 해도 과언이 아니다. 그리고 지금 나는 확신한다. 내가 15년 전에 품은 그 꿈이 결코 불가능한 것이 아님을.

회사를 해고하기 위해 갖춰야 할 단 한 가지

가까운 지인들과 새롭게 집필하고 있는 책에 대해 대화를 몇 번 나눈 적이 있다. 책 제목을 묻길래 '나는 회사를 해고한다'라고 답했다. 그랬더니 그들 중 몇이 짐짓 놀란 눈으로 되물었다. 너무 도발적이고 건방진 것 아니냐고, 현실을 모르는 발상인 것 같다고.

그렇다. 어쩌면 그들의 말이 맞을 것이다. 어떻게 일개 직원이 회사를 해고할 수 있겠는가? 하지만 나는 내 주변에서 하나 둘 심심치 않게 이 불가능해 보이는 과제를 해결하며 '회사를 해고하는' 선수들을 목격하고 있다. 무엇이 그들로 하여금 회사를 해고할 수 있는 위치에 서도록 만들었을까? 그리고 한 개인이 회사를 해고한다는 것은 과연 어떤 의미인가?

생각해보자. 근로계약서에 사인을 하는 순간 회사와 나는 아주 심플하게 '갑'과 '을'의 관계로 설정된다. 즉 회사는 나에 대해 채용, 평가, 급여, 상벌, 승진 여부 등 인사에 관한 주요 권한을 모두 갖는다. 고용주와 피고용주라는 관계상에서 볼 때 마땅한 일이다. 그러나 계약서상의 갑-을의 관계 속에서도 내가 딱 하나 빼앗기지 않고 소유하고 있으면 막상 현실에서 드러나는 실질적인 관계는 역전된다.

바로 그 하나, 그것은 내가 내 커리어의 칼자루를 쥐는 것이다. 내가 나의 커리어의 칼자루를 쥐고 있다는 것, 그것은 바로 내 커리어의 최종 의사 결정권이 내 손에 있다는 것이다. 피고용주인 내 입장에서 보자면 회사나 직무를 내 의지대로 선택할 수 있다는 것이며, 고용주인 회사 입장에서는 나를 대체할 수 있는 사람이나 시스템을 찾아내기가 쉽지 않다는 의미다. 결국 '실질적인' 고용주는 회사가 아닌 내가 되는 셈이다.

그렇게만 된다면 나는 언제든 떠나고 싶을 때 떠날 수 있다. 도망가듯 떠나는 것이 아니라 만인의 박수를 받으며 떠나는 것이다. 그것이 바로 내가 꿈꾸는 '회사를 해고한다'는 개념이다.

이는 비단 개인만을 위한 것은 아니다. 나는 이런 사례가 자꾸 생길수록 회사 역시 성장하리라 믿어 의심치 않는다. 왜 아니겠는가? 어느 임직원이 커리어의 칼자루를 쥔다는 궁극의 목표에 이르려면 회사에 머무는 동안 필연적으로 개인적인 역량과 프로페셔널로서의 상품가치를 높여야 한다. 이런 일련의 과정이 선순환 궤도에 오르게 된다면 회사 역시 현실적인 도약은 물론, 다양한 인재들이 거쳐 가는 인재 육성 사관학교로서의 명성을 얻을 수 있을 것이다. 결국 내가 회사를 해고할 수 있다는 것은 회사와 나 쌍방 모두 승리하는 멋진 해피 엔딩 스토리로 이어진다. 이것이 우리가 가질 수 있는 가장 멋진 커리어의 완성, 아름다운 반전이 아닐까.

나만의 독립기념일을 꿈꾸며

한 해를 마무리하고 새해를 준비할 때마다 나는 '나의 독립기념일My Independence Day'을 꿈꾼다. 버킷 리스트에 독립기념일이라고 쓰고 그 옆에 희망 날짜를 함께 적어본다. 예를 들자면 'My Independence Day, 2018-12-27' 같은 식으로 말이다. 그렇게 기록하기를 수년. 처음에는 작은 싹조차 보이지 않았다. 그리고 아직은 별다른 일이 벌어진 것 같지는 않다.

그런데 언제부터인가 아주 미미하지만 의미 있는 조짐과 지표가 나타나고 있음을 느낀다. 회사에서는 꾸준히 신뢰할 수 있는 직원으로 인정받기 시작했고, 진정으로 도움을 주는 지지자들도 등장했으며, 구직시장에서는 흥미롭고 시장성 있는 매물賣物로 꾸준한 관심을 받게 되었다. 내 업무와 관련한 주요 커뮤니티와 지속적으로 연결되고 있으며, 이로 인해 프로젝트·컨설팅·문제해결 등 대내외적으로 여러 가지 사안의 중심에 서게 되었음을 느낀다. 작은 레코드가 조금씩 쌓여 의미 있는 스토리로 완성되어 가고 있는 것이다. 그 스토리가 완결되는 날, 바로 그날이 내 독립기념일이다. 그리고 그 독립기념일이 오면 아마도 나는 회사를 해고할 수 있을 것이다.

이는 소위 엘리트 코스를 밟고 있는 사람들에게만 가능한 이야기가 아니다. 이 글을 쓰고 있는 내가 바로 산증인이다. 사람들은 나를 보고 꽤나 성공적인 커리어 스토리를 만들어 가는 사람, 그리고 시장에서 경쟁력을 인정받는 포트폴리오를 구축한 사람으로 이야기하곤 한다. 그렇게 인정받을 수 있다는 것 자체로 행복하고 감사해야 할 일이지만, 나 스스로는 '한 번의 해고와 두 번의 해고 위기를 극복한 끝에 아직까지 치열한 생존 경쟁 사회에서 곧잘 버티고 있는 사람', '앞으로 더 큰 역경이 닥쳐와도 질긴 근성으로 다시 일어날 수 있는 프로페셔널'로 기억되고 싶다. 그리고 하나 더, 남보다 뛰어난 배경도 능력도 없는 내가 그랬듯 당신도 그렇게 될 수 있다고 말하고 싶다.

나는 나를 포함한 독자 모두가 자신만의 독립기념일을 맞게 되기를 바란다. 그래서 미래의 어느 순간 — 그것이 멋진 기회에 대한 러브콜이든 지금과는 전혀 다른 인생을 향한 도약이든 — 에 멋지고 정중하게 회사를 해고하는 주인공이 되기를 진심으로 바란다. 끊임없이 자신의 주가를 상승시킬 수 있는 호재를 많이 가진, 그래서 회사가 오랫동안 보유하기를 원하는 블루칩이 되기를, 종국엔 커리어의 칼자루를 쥐고 새로운 원정의 길을 떠날 수 있게 되기를 소망해본다.

차례 _____

머리말   회사를 해고하는 그날을 꿈꾸며

Prologue   어느 '칼잡이'의 고백

1 /
커리어 쇼크 시대, 당신이 알아야 할 것들
/

30   달라진 성공의 방정식을 이해하라

38   ARE YOU OK? 당신의 커리어는 괜찮은가?

47   핵심인재는 다들 어디로 갔을까?

55   40대 직장인이 자신에게 던져야 할 12가지 질문

64   잘렸다고 인생이 끝나지는 않는다, 절대로

73   불혹에 다시 그려야만 하는 우리들의 커리어 지도

2 /
갑작스러운 해고 통보란 없다
/

84   회사는 차마 말 못하고 직원은 잘 모르는 '결별'의 메커니즘

95   인사부 X-파일에 관한 진실

105   누가 당신의 '아바타'가 되어줄 것인가

112   불혹 이후의 유혹이 더 치명적이다

118   해고 통보를 받았다, 무엇부터 해야 할까?

126   제발 '츄리닝'은 입고 다니지 마라

3 /

아직 일해야 하는 당신에게 – 오래 살아남기 위한 생존 법칙

/

140　나를 키운 건 깐깐한 그 인간들이었다

148　강한 자가 살아남는 것이 아니라 살아남는 자가 '진짜' 강한 것이다

156　현재의 직장이 최고의 MBA 스쿨이다

164　상사를 무장해제시키는 법

171　또 다른 '로완 중위'가 되어라

177　귀농을 꿈꾸는 그대에게

4 /

이별의 정석 – 어떻게 준비하고 어떻게 떠날 것인가

/

186　떠나야 할 때 vs. 참아야 할 때

193　이직의 의미: 이직은 새로운 성장을 위한 졸업이다

202　과연 재혼은 미친 짓일까?

210　잘 떠나고 '잘' 잘리기 위해 알아두어야 할 것들

218　새로운 무대에서: 실패를 부르는 습관 vs. 성공을 부르는 습관

5 /

세상은 갈 길을 알고 전진하는 사람에게 길을 비켜준다

/

232　인생 후반전을 위한 두 얼굴의 삶

240　다음 목적지로 가는 중요한 열쇠, 인적 네트워크

251　불혹 이후의 영어에 대하여

259　창업에 대한 나의 생각

Epilogue　　이제 세상을 향해 도전장을 던질 당신에게

어느 '칼잡이'의 고백

– 재도약의 교두보, 함부르크에서 내가 깨달은 것

칼잡이. 모르는 새 내게 붙은 별명이다. 혹자는 포장해서 '해고 전문가Corporate Hatchet-man'라는 말을 쓰기도 하지만, 이 역시 이면에는 '회사의 살인 청부업자', '회사를 대신해 뒤처리를 하는 사람'이라는 비아냥거림이 숨어있다.

내가 하는 인사 업무가 비단 사람을 내보내는 일이 전부는 아니지만 '해고'가 내 주요 업무 중의 하나임을 애써 부인하고 싶지는 않다. 냉철하게 돌아가는 굴지의 다국적 기업들의 인사담당 요직을 수행하면서 그동안 수많은 임직원들을 내보내야 했다. 부드럽게 그리고 잡음 없이.

아이는 이제 막 대학 입학을 눈앞에 두고 있어 이제 한창 돈 들어갈 일만 남은 사람에게 가혹한 메시지를 잘도 전하는 나를 보면 정말 독하다는 생각이 든다. 가끔은 '누구누구는 이렇게만 했어도 굳이 회사를 떠날 필요까지는 없었을 텐데', '그 사람은 그 조언을 받아들였다면 충분히 한 번 더 기회를 얻을 수도 있었을 텐데' 하는 안타까운 마음이 들 때도 없지 않다. '유감스러운 소식'을 전한 횟수가 쌓이고 쌓인 탓인지 동안童顔이라 불리던 옛 기억이 무색하리만큼 양미간 주름도 깊어졌지만, 누군가는 회사를 대신해 반드시 해야만 하고 그 일을 가장 고통 없이 할 수 있는 사람이 나라고 생각하기에 운명처럼 겸허히 받아들이고 있다.

그러나 나 역시 마음의 준비가 전혀 안 된 채 끔찍하게 심장을 찔려본 경험이 있기에 그들의 아픔을 어느 정도는 안다. 불혹을 넘어 지천명의 나이에 들어서 이제 겨우 철이 들었다고 할까?

이제 나는 지금은 한때의 추억이 되었지만 당시로서는 두 번 다시 겪고 싶지 않을 만큼 고통스러웠던 한 사건을 잠시 떠올려보려 한다. 이 책을 쓰겠다고 마음먹게 된 결정적인 계기가 된, 내 인생의 전환점이라 말할 수 있는 사건이다.

●
함부르크, 초여름에 찾아온 잔인한 사건

그 사건은 잔인하게도 아름다웠던 초여름, 북유럽의 한 도시 함부르크에서 일어났다. 당시 나는 독일의 한 다국적 기업의 본사 글로벌 인사부에서 전 세계의 임원들과 핵심인재를 훈련시키고 관리하는 요직을 맡고 있었다. 당시 보스와 나는 일주일에 한 번씩 정기적으로 업무 현안을 점검하는 비즈니스 미팅을 하고 있었다. 그날도 여느 때와 다름없이 몇 가지 안건을 두고 서로 의견을 나누고 일정을 점검했다. 그런데 보스가 '한 가지 종합적인 안건'을 하나 더 이야기하고 싶다고 했다.

보통 나는 미팅을 할 때 비교적 '또렷하게' 상대방의 눈을 쳐다본다. 그 이야기가 나왔을 때도 나는 보스의 두 눈을 자연스럽게 그렇지만 분명히 응시하고 있었다. 그런데 이 양반이 나와 제대로 눈을 맞추지 못하는 것이었다. 흔한 말로 '아이 콘택트Eye contact'를 전혀 못한 채 마치 혼잣말을 하듯 웅얼거렸다. 안 그래도 독일 토박이인 데다 말까지 어눌한 편인 사람이 영어로 이야기를 하는데, 처음에는 도통 알아들을 수가 없었다. 무슨 말을 하려고 저렇게 더듬거리나 싶었는데 한참을 들어보니 요점은 딱 한마디였다.

"너는 여기서 이제 더 이상 일할 수 없으니 정리하고 네 나라로 돌아가라."

해고 통보, 즉 나가라는 말이었다. 그 뒤 이어진 장황한 설명은 이랬다. '당신은 당신이 경험했던 것과는 전혀 다른 이 나라의 업무 환경에 적응하기 위해 최선을 다하고 있지만, 여러 가지 면에서 우리와는 맞지 않고 그런 당신이 내 눈에 차지 않는다.

당신과 근무하는 것이 부담스러우니 그만두고 떠나라.'

'무슨 이런 미친놈이 다 있을까?'

순간 내 머릿속에 떠오른 한마디였다. 마른하늘에 날벼락도 유분수지, 아니 도대체 이 양반이 나한테 무슨 이야기를 하는 거지? 그는 어떤 면에서 나와 자신이 맞지 않는다는 것인지, 나의 무엇이 부족하다는 것인지 구체적인 설명 없이 앞뒤가 맞지 않는 말만 되풀이했다. 단 하나의 합리적인 근거도 그럴 듯한 논리도 없었다. 적어도 내 관점에서는 말이다.

사실 나는 그리 대범한 성격이 못 된다. 나도 그것을 잘 안다. 그러나 나를 아는 주변 많은 사람들이 일관되게 인정해주는 내 장점 중 하나가 감정 컨트롤을 잘한다는 것이다. 심각한 상황에서도 쉽게 흥분하지 않는다는 점은 그간 내가 사회생활을 하는 데 여러모로 도움이 되곤 했다. 청천벽력 같은 통보를 받은 나는 일단 크게 심호흡을 하고 속으로 천천히 하나, 둘, 셋, 넷, 숫자를 세면서 차분히 이야기를 이어갔다. 떠날 때 떠나더라도 나를 내쫓는 진짜 이유를 좀 알게 해달라고. 그리고 이렇게 물었다. 아니, 소위 인사 전문가라는 사람이 이렇게 심각하고 민감한 사안에 대해 어제까지 입도 뻥긋 않고 있다가 갑자기 무슨 일반 회의 안건 이야기하듯 잘라 말할 수 있느냐고. 무엇보다 커뮤니케이션을 중요시하는 것이 우리 업무의 원칙 아니냐고 말이다.

물론 큰 기대를 한 것은 아니었다. 다만 나로서는 적어도 이

상황에 대해 내가 납득할 만한 근거를 찾아야 했다. 하지만 그는 끝까지 별 알맹이 없는 말만 되풀이하다가 향후 행정적인 절차는 다시 논의하자는 일방적인 통보만 남긴 채 자리를 떴다.

도대체 이게 무슨 일이란 말인가? 내가 지금 꿈을 꾸고 있는 건가? 숨을 가다듬고 내 방에 돌아와 앉았지만 일이 손에 잡히지 않았다. 영화 속에서나 나올 법한 '해고 통보'를 받은 것이다. 창 너머로 복도 쪽을 둘러보니 굳게 닫힌 다른 집무실들의 문만 보일 뿐, 5,000여 명이 근무하는 본사 건물에는 한국말로(아니 영어라도 좋다) 마음을 터놓고 넋두리라도 할 수 있는 사람이 단 한 명도 없었다. 답답한 마음에 건물 밖으로 나갔다. 하지만 길거리에도 온통 낯선 독일 현지인뿐이었다.

'한국으로 돌아가면 일할 자리는 있을까?'

죽겠다는 각오로 배수의 진을 친 뒤 글로벌 무대에서 잘난 독일 놈들과 실력으로 붙어보겠다고 한국의 모든 것을 처분하고 떠나왔는데…. 주택 문제, 아들놈 학교 문제, 아직도 많이 남아 있는 부채 문제 등이 줄줄이 떠오르면서 갑자기 머리가 복잡해졌다. '한국에서 이런 일을 당했더라면 그간의 노하우로 한 번쯤 제대로 싸워볼 수도 있을 것이고, 하다못해 말 한마디라도 거들어 줄 사람도 있을 텐데' 하는 의미 없는 푸념도 나왔다. 대체 어디서부터 문제가 시작된 것인지에 대해 이런저런 추론을 해봤지만 나로서는 이유를 찾을 수가 없었다.

하지만 그런 고민도 잠시, 회사로 돌아와 퇴근 준비를 하려니 가족들의 얼굴이 갑자기 떠올랐다. 꿈에 그리던 행복한 유럽 생활을 즐기는 아내, 외국 생활이 자기에게 너무 잘 맞는 것 같다며 좋아하던 아들 녀석의 얼굴이 눈에 밟혔다. 당시 아들은 정말이지 믿기 어려울 정도로 독일 현지에 적응을 잘하고 있었다. 국제학교에 다니는 동안 영어 발음도 점점 예사롭지 않게 진화하고 있었는데….

당장 내일부터 고민해야 하는 내 거취 문제도 그랬지만 가족들에게 어떻게 이야기를 꺼내야 할지 막막했다. 그날 어떻게 집까지 돌아왔는지는 기억이 나지 않는다. 단 하나 가졌던 생각은 납득이 가지 않더라도 일단 내게 벌어진 일을 받아들여야 한다는 것, 이미 벌어진 일에 대한 원인보다는 당장 현실을 타개할 방법을 찾아야 한다는 것이었다.

더 이상 미룰 수 없다는 생각에 며칠 뒤 가족들에게 겨우 입을 뗐다. 소식을 전해들은 아내와 아들은 입으로는 괜찮다고 하면서도 불안에 떠는 눈빛이 역력했다. 그런 가족 앞에서 가장인 내가 어떻게 무너지는 모습을 보이겠는가. 주저앉으려는 마음을 억지로 다잡고 차분하게 걱정하지 말라고, 다 잘될 거라고, 마음속으로는 전혀 확신하지 못하는(희망사항에 불과한) 말을 되풀이했다.

나를 돌아보게 한 멈춤의 시간들

가끔 가만히 기억을 더듬어 본다. 어떻게 그 깊은 허탈과 상실의 늪에서 빠져나올 수 있었는지를. 지금은 웃으며 이야기할 수 있는 한때 추억이지만 당시 나는 꽤 오랜 시간 동안 적지 않은 고독과 두려움을 견뎌야 했다.

보스는 내게 6개월이란 시간을 주었다. 6개월 뒤 한국지사로 돌아가 한국에서 하던 일을 계속 하라며, 마치 나를 배려하는 것처럼 향후 일정에 대해 말해줬다. 하지만 오랜 경험으로 보아 그것은 최종 해고를 위한 수순에 불과했다. 독일로 떠나올 때 내가 하던 일은 후배에게 모두 인수인계했고, 돌아가 봤자 내가 할 수 있는 역할은 없었다. 하지만 그렇게 더 이상 희망이 없다는 판단이 들었을 때 오히려 냉철해지는 자신을 발견했다. 책임져야만 하는 처자식이 멀쩡하게 내 눈앞에 있지 않은가.

불행 중 다행히도 내게는 생각이 복잡하거나 힘든 일이 닥쳤을 때 글을 쓰면서 스스로를 치유하던 좋은 습관이 있었다. 밑도 끝도 없이 다이어리를 꺼내 메모를 하기 시작했다.

'이 시련이 훗날의 더 큰 성장을 위한 좋은 약이 될 것이다.'

첫머리에 이렇게 적은 뒤, 마치 독백을 하듯 스스로 위로하는 말들을 줄줄이 써내려갔다. 잠시 호흡을 가다듬고 손을 가슴에 조용히 올려놓으니 여전히 속에서는 희미하게나마 내 커리어의 나침반이 움직이고 있다는 것을 느꼈다.

차분히 마음을 가다듬은 다음 지금 내게 닥친 문제에서 시선을 거두고 오로지 나 자신에게 집중했다. 확신이 들지는 않았지만 어쩌면 내게 새로운 생존과 성공의 방정식이 필요한 것은 아닌가 하는 질문이 떠올랐다. 흔히 세상이 이야기하는 돈 많이 벌고 지위가 올라가는 그런 성공이 아니라, 여기서 끝나 '하차'하는 것이 아닌 진정으로 한 번 더 성장하기 위한 공식 같은 것 말이다.

그냥 순탄하게 앞만 보고 고속질주를 하고 있을 때에는 전혀 생각해보지 않은 질문이었다. 그럴 만한 여유도 없었거니와, 고백하건대 그런 의문을 가질 필요도 없었다. 하지만 이렇듯 멈추고 나니 비로소 이 질문이 뒤통수를 때렸다. 자발적으로 스스로 멈춘 것은 아니지만 말이다.

고인 물속에 비친 나를 제대로 마주했다고 할까. 누구보다 열심히 살아왔다고 자부하는 내게 왜 이런 일이 벌어졌는지 의문을 갖기보다, 자격미달처럼 보였던 보스를 원망하기보다, 더 나아가 세상의 시선에 자존심 상해 하기보다, 이런 전혀 예상치 못한 장벽 앞에서 내가 과연 무엇을 배울 수 있고 어떻게 다시 단단해질 수 있을까, 라는 화두를 던지게 된 것이다. 과연 그동안 내가 놓치고 있던 것, 위기 상황 속에서 인생의 승부를 가르는 중요한 변수는 무엇일까?

중년의 샐러리맨들에게 필요한 성공의 방정식

그 무렵 독일 함부르크 본사에서 세계 각국의 핵심인재들을 훈련하고 임원들을 관리하면서 새로운 리더십 프로그램을 개발하던 중에 참고했던 책 한 권이 있었는데 바로 리더십과 고위급 임원 코칭의 세계적 대가인 마샬 골드스미스의 《What Got You Here Won't Get You There》였다(수년 뒤 그 책은 한국에서 《일 잘하는 당신이 성공을 못하는 20가지 비밀》이란 제목으로 출간됐다).

당시 많은 고민과 번뇌 속에서 늦은 밤까지 잠 못 이루는 날이 많았던 터라 서재에 꽂혀 있는 이런저런 책들을 다시 한 번 읽어보고는 했다. 그런 와중에 문득 펼쳐 든 그 책 속에 나도 모르게 "아하!" 하고 깨닫는 바가 있었다. 그리고 그 깨달음은 그 후의 내 커리어를 한 번 더 반등시키는 중요한 원칙 하나를 선사했다.

원제 그대로를 직역하면 '여기까지 당신을 오게 한 것이 저기까지는 데려다 줄 수 없다'인데, 책의 맥락에 맞춰 의미를 파악하면 '지금까지의 성공 비결이 앞으로의 성공 비결이 될 수는 없다' 정도가 될 것이다. 소위 기업의 리더들, 좀 더 정확히는 리더십의 정체를 느끼거나 도전을 받고 있는 고위급 임원을 위한 책으로 나처럼 해고를 당한 사람이 읽을 만한 책은 아니었다. 그런데 저자가 왜 더 이상 성공하지 못하고, 앞으로 나아가지 못하는가를 말하면서 강조했던 몇 가지 포인트가 내 가슴에 냉정하게 와 박혔다.

그것은 '회사 안에서 처신을 잘해야 한다, 줄을 잘 서야 한다, 끝임 없이 학습하고 자기계발을 해야 한다, 자신을 적절하게 어필할 줄 알아야 한다, 공격적이고 높은 목표를 잡고 추진해야 한다' 등의 성공 방정식과는 완전히 동떨어진 조언들이었다. 책 속의 메시지들은 내게 다음의 간단한 몇 마디로 재해석되었다.

"어이, 자네. 어깨에 힘이 너무 들어가 있어. 어깨에 힘 좀 빼! 그냥 가볍게 스텝을 밟아보라고. 어떻게든 이겨야겠다는 생각에서 좀 자유로워지고, 조직에 큰 기여를 해야 한다는 강박도 좀 떨쳐내고, 과도한 목표 따윈 잠시 접어두라고. 때론 유감스럽다는 말도 할 줄 알아야 해. 고맙다는 말도 자주 하고 말이야….."

'천재는 열심히 하는 사람을 이겨낼 재간이 없고, 열심히 하는 사람은 즐기는 사람을 이길 수가 없다'고 했던가. 그랬다. 그것이 어쩌면 그때까지의 내 모습이었다. 어깨에는 힘이 잔뜩 들어가 있고, 게임을 즐기기보다는 '잘해야 하는데, 이겨야 하는데'라는 강박관념에 사로잡혔던 내 자신이 떠올랐다. 이기고 나아가는 생각만 했으니, 죽을 법한 일도 아닌 일에 그렇게 절망했던 것이다. '잠시 멈춤'이 사형선고가 아닌데 말이다.

물론 현실적인 문제가 있으니 어떻게든 일자리라는 솔루션을 찾아야 하는 것은 당연했다. 가족을 위해서라도 먹고살 수단을 강구해야했지만, 더 오래 더 멀리 가기 위해 그보다 더 중요한 것은 이번 일을 스스로 어떻게 바라봐야 하며, 내 인생을 통틀어 이 일이 내게 가져다 줄 최종적인 의미를 찾는 것이었다. 내 나이나 위치, 그간의 경력 등을 생각해본다면 이후로도 나는 크고 작은 위기와 도전에 직면할 것이 뻔하며, 그럴 때 무엇보다 필요한 것은 그 어떤 시련에도 흔들리지 않고 방향을 다시 잡을 지표라는 것을 비로소 깨우쳤던 것이다.

지금도 나는 종종 이런 말을 한다. 나를 포함한 우리 모두가 재벌가의 아들이 아닌 이상(설령 그렇다고 해도) 세상의 불확실성으로부터 자유로울 수는 없다고, 망망대해를 계속 항해할 수밖에 없는 것이 이 시대에 태어난 사람들의 운명이라는 것을 부인하지 말라고. 행여 내가 그랬던 것처럼 진퇴양난에 놓여 있다면 더욱 당부하고 싶다. 경직된 몸과 마음의 근육을 풀고 어깨에 힘부터 빼라고 말이다.

그렇다고 될 대로 되라, 하는 식의 무책임한 자세로 모든 것에서 손을 놓으라는 말은 아니다. 하지만 적어도 어느 정도 커리어를 쌓아왔다면, 그래서 한 번쯤 인생의 전환점이 필요하다고 느낀다면, 무엇보다 커리어의 위기라고 생각된다면 내가 가진 것에 집착하는 것이 오히려 독이 될 수 있음을 기억했으면 한다. 내가 통제할 수 없는 것 때문에 괴로워하며 그간 이룬 것들에 집중하다 보면, 어느 순간 '사무실 책상다리 밑에 본드를 붙여 놓아서라도 난 이곳에서 오래 버티겠다'라는 사고방식으로까지

변이되어 회사와 우리 모두를 슬프게 하고 진정한 성장을 저해하는 단계까지도 갈 수 있다.

지금 해야할 일은 한 걸음 떨어져 내가 미처 보지 못한 '판'을 구석구석 읽는 것이다. 이루지 못한 업적이나 돌이키지 못할 일에 대한 고민, 놓쳐버린 기회에 대한 아쉬움에 매달려서는 안 된다. 비우고 가벼워져야만 더 오래, 더 멀리 뛸 수 있다.

●

해고의 아픔을 잘림의 미학이라 말하는 이유

오늘 하루도 개미처럼 열심히 살아가고 있는 동료와 선후배들에게 회사를 대신해 폐부 깊숙이 남을 아픈 메시지를 전하면서 많은 생각을 하게 된다. 이것이 최선인지에 대해서는 칼을 든 나조차도 의구심이 들 때가 많지만, 해고라는 상황에 대한 각자의 대응방식을 보며 이제는 경력 단절이나 생존 위협이 아닌 더 건강한 내일을 위한 '잘림의 미학'에 대해 말할 수 있을 것 같다.

윈스턴 처칠은 "해고란 매우 효과적으로 감추어진 신의 축복"이라고 했다. 내게 닥친 이 사건을 정면으로 받아들이고 미련 없이 떠날 수 있다면, 자신이 누구인지를 새롭게 깨닫고 사는 동안 놓친 무언가를 곱씹어볼 수 있다면, 늦게라도 내 커리어의 정체성을 되찾고 올바른 방향으로 다시 나아갈 수 있다면, 그리하여 결국엔 멋지게 재기할 수 있다면, 해고란 정말 신이 더 큰 리더로 키우기 위해 선택한 소수의 사람들만이 누릴 수 있는 축복일 것이다.

나는 우리 중년의 샐러리맨들이 달라졌으면 한다. 회사에서 건전한 배반—그것은 해고라는 형태를 통해 나타날 수도 있다—을 꿈꾸기를 염원한다. 그 배반이란 조직을 혼란에 빠뜨리거나 전복시키는 모반이 아니라 결국은 회사에 도움을 줄 수밖에 없고 본질적으로는 본인 자신이 가장 큰 수혜자가 되는 것을 말한다.

그들에게 도전의 메시지를 던지고 싶다. 정말 이대로 죽는 날만 기다리고 있을 거냐고. '그냥 어떻게 되겠지'라는 현실 감각 떨어지는 기대감만 갖고 그냥 세월을 그렇게 버텨 낸다고 상황은 결코 나아지지도, 당신의 무기력한 상실감이 저절로, 혹 운 좋게 회복되지도 않는다. 그것이 정확한 현실이다.

이제 나는 지난 20여 년 이상 전쟁터같이 치열한 기업의 현장에서 만난 수많은 직장인들과 웃고 울며 싸우고 부대끼면서 체득한 생생한 이야기를 전하려 한다. 남의 이야기가 아닌 나 자신이 겪은 이야기, 우리 모두가 겪고 있는 이야기이다. '죽은 샐러리맨의 사회' 속에서 하루하루를 근근이 버텨가는 중년의 직장인들에게, 아직 내려지지도 않은 사형선고를 숙명처럼 받아들이려 하는 이 시대 모든 동료들에게 조금은 아픈, 하지만 다 들고 나면 희망을 찾을 수 있는 쓴소리를 해주고 싶었다.

심한 감기를 앓고 있는 당신에게 주는, 하룻밤 자고 나면 툭툭 털고 일어날 수 있는 독한 처방전쯤으로 생각해주면 좋겠다. 그리고 거기에 더해서 중요한 것 꼭 한 가지, 행여라도 갑자기 불의의 일격을 당했을 때 KO패 당하지 않았으면 좋겠다. 불의의 일격을 당했을 때 어떻게 일어나서 다시 전열을 가다듬고 세상 속으로 뛰어들어가 싸워야 하는지에 대해, 단순하지만 중요한 전략과 전술을 전해주겠다.

내가 제시한 모든 것을 모두 체화할 때까지는 시간이 걸릴 수도 있지만, 우선 객관적으로 현실을 점검하고 자신감을 회복하여 앞으로 나아갈 희망을 발견하기를 바란다.

마음 한 편에 무기력증과 불안이 아직까지 도사리고 있는가? 모든 것을 포기하고 도망이라도 치고 싶은가? 회사로부터 자존심을 짓밟혀 화가 치밀어오르는가? 그 무엇보다 복지부동하려 했던 자신의 모습이 원망스러운가? 그렇다면 이제는 새로운 출발을 위한 변화의 여행을 떠나야 하는 시간이 되었다는 뜻이다. 함께 길을 한번 떠나보자.

1 /

커리어 쇼크 시대,
당신이 알아야 할 것들

/

커리어 위기는 누구에게나 올 수 있다. 능력 여부에 따라, 사내 정치력에 따라, 학력에 따라 특정 누구에게만 벌어지는 사건이 아니라 불확실한 혼돈의 세상에서 살고 있는 우리 모두에게 일어날 수 있는 일인 것이다. 그런 의미에서 이제 커리어 성공에 대해 새롭게 정의내릴 필요가 있다. 진정한 커리어 성공은 높은 연봉이나 승진 등 회사 안에서의 크고 작은 희망사항을 이루는 것이 아니라, 커리어 위기 속에서도 그것을 잘 극복하고 끝까지 살아남는 것이다. 적어도 고수들이 득실거리는 '강호'의 세계에서는 말이다.

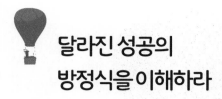

달라진 성공의
방정식을 이해하라

●
맷집 없는 당신에게 던지는 7가지 질문

가끔 나는 회사 안팎의 고민 많은 샐러리맨들에게 ─ 커리어 정
체성에 혼란을 느끼거나 위기에 놓인 사람은 물론 해고된 자도
포함된다 ─ 어떻게 무너진 커리어를 재구축할 수 있을지에 대
해 특강 내지 컨설팅을 해주곤 한다. 그럴 때마다 강의 초반부나
중반부에 뜬금없이 다음의 리스트를 제시한다.

- 당신을 향한 상사와 회사의 교묘한 해고 계획(구조조정, 권
  고사직 등)
- 인사고과 최하위 등급
- 급여 인상 0퍼센트

- 승진 누락
- 이직, 승진, 사내 이동 등에도 거듭되는 연봉 협상(인상) 실패
- 회사 안팎으로부터 뚝 끊긴 러브콜
- 어느 날 갑자기 상사로부터 받은 해고 통보

그러고는 질문을 던진다. 지난 시간 동안 위 일곱 가지에 해당하는 일을 겪어본 적이 있냐고. 그리고 또 질문한다. 이 일곱 가지 모두를 겪어본 사람이 있으면 손을 들어보라고.

당사자들은 자신의 커리어가 심각한 위기에 있다고 생각해서 그 자리까지 찾아왔겠지만, 의외로 오랜 시간 샐러리맨으로 일하면서 직장에서 이런 일들을 겪어본 사람은 많지 않다. 정확하게 표현하자면 매우 드물다. 더군다나 이 일곱 가지 모두를 겪어본 사람을 아직까지 나는 만나보지 못했다.

이런 질문을 던진 후에 내 이야기를 꺼낸다. 나는 지난 20여 년 동안 이 일곱 가지를 모두 겪어봤다고. 뿐만 아니라 이 중에 서너 가지는 두 번 이상 경험하기도 했다고. 내 고백에 대다수 사람은 믿지 못하겠다며 깜짝 놀란다. 외적으로 보이는 내 커리어 스토리가 너무나 탄탄하고 짜임새 있어 보이기 때문이다. 그들이 보기에 내 커리어 여정은 세상의 상식이나 객관적인 잣대로 판단하기엔 다소 앞뒤가 맞지 않는 시나리오다.

그러나 나는 분명히 말할 수 있다. 직장인 대부분이 생각하는 틀에 박힌 성공 공식이나 논리가 맞는 기승전결의 시나리오는 없다고. 그런 관점에서 보자면 해고란 시나리오상에 전혀 없는 예기치 않은 '사건'이 아니다. 갑자기 찾아든 감기처럼 전혀 준비 없는 차에 누구에게나 닥칠 수 있는 작은 해프닝 정도라고 할까?

우리 대부분은 커리어의 위기를 '어느 날 예고도 없이 갑자기 이메일이나 문자메시지를 통해 해고 통보를 받는 것' 정도로 생각한다. 그러나 잘라보기도 하고 잘려보기도 한 내 입장에서 보는 진짜 커리어의 위기는 해고 통보 자체가 아니라, 온실 속의 화초처럼 살다 보니 해고라는 작은(마치 독감 정도의) 변수에 전혀 대응책도, 나아갈 방법도 모른다는 점이다.

점점 더 듣기 불편한 이야기가 될지 모르지만 많은 이들이 조직생활을 하면서 시간이 지날수록 맷집을 잃는다. 코피가 나도록 얻어터져도 보고, 다운도 당해 보고, 그랬다가 다시 일어서도 보면서 단련돼야 하는데, 직장생활을 하면 할수록 특별한 변화나 도전 없이 안정적인 생활을 했던 것이 오히려 안락사로 이어진 꼴이 됐다. 안정된 울타리 안에 보호받으며 살기를 바라다 보니 긴 커리어 여정의 관점에서 볼 때 그리 살인적이지도 않은 작은 펀치 한 방에 KO패를 당하고 마는 것이다.

진정한 커리어의 성공이란

나는 지금까지 성실하게 살아온 샐러리맨들을 탓할 생각은 없다. 힐책하고 비난하려고 듣기 거북한 해고 이야기를 하는 것이 아니다. 다만 당신의 현 모습을 조금 더 냉정하게 바라보고, 거기서부터 출발점을 찾자는 이야기를 하려는 것이다. 여기에 또 하나, 앞서 말했지만 해고 자체가 위기가 아니라는 점을 분명히 말하고 싶다. 커리어의 위기나 쇼크는 누구에게나 올 수 있다. 능력의 여부에 따라, 사내 정치력에 따라, 학력 등에 따라 특정 누구에게만 벌어지는 사건이 아니라 불확실한 혼돈의 세상에서 살고 있는 우리 모두에게 일어날 수 있는 일이라는 것이다.

이런 관점에서 한번 생각해보자. 왜 우리는 박찬호, 추신수 등에게 성공이라는 단어를 붙여주는가? 늘 승승장구했기에? 단 한 번도 눈물 젖은 빵을 먹어본 적이 없어서? 위기를 한 번도 겪지 않거나 잘려본 적이 없기 때문에? 절대 아니다. 그들은 쫓겨나기도 했고, 팽도 당해보았으며, 말로 형언할 수 없는 극심한 슬럼프를 겪는 등 우리 샐러리맨들의 표현을 빌리자면 숱한 커리어의 위기를 겪었다. 그러나 그것을 잘 관리하고 결국에는 이겨냈기에 성공이라는 단어를 붙여주는 것이다. 그런 의미에서 이제 우리 머릿속에 자리 잡고 있는 '커리어의 성공'에 대해 새롭게 정의내릴 필요가 있다.

사람들에게 커리어 성공의 모습을 물으면 대부분 좋은 인사고과를 받고 제때 승진하는 것, 급여가 많이 오르는 것, (젊은 나이에) 임원이 되는 것, 회사의 핵심인재로 인정받는 것, 사내에서 자신을 후원해주는 든든한 '라인'이 있는 것, 회사 밖의 경제시장이 어수선하더라도 '잘리지' 않는 것, 그리고 실제 능력 여부와 상관없이 간판 있는 회사에서 고액연봉 받는 것 등을 손에 꼽는다.

　그러나 기업현장에서 이 모든 경우를 거의 다 경험해 본 내가 내리는 커리어 성공에 대한 정의는 전혀 다르다. 회사 안에서의 크고 작은 희망사항을 이루는 것이 아니라 커리어의 쇼크나 위기 속에서도 그것을 잘 극복하고 끝까지 살아남는 것, 그래서 종국엔 나 스스로 나의 고용주가 되는 것이 진정한 커리어의 성공이라고 단언하고 싶다. 적어도 고수들이 득실거리는 '강호江湖'의 세계에서는.

반전은 포기하지 않는 자에게 주어지는 선물이다

어쩌면 당신이 처한 현재의 상황이 도저히 승산 없어 보일지 모른다. 끝까지 살아남기엔 넘어야 할 장벽이 너무 높게 느껴지고, 해낼 수 있을지에 대한 확신도 없을 수 있다. 하지만 환경적인 어려움, 실패할 것 같은 두려움은 누구에게나 존재한다. 따라서 끝까지 살아남는 것은 주어진 환경이 아니라, 누가 더 열정과 인내심을 갖고 준비를 계속 이어가느냐에 달렸다.

독일 함부르크에서 해고 통보를 받을 당시 나는 아시아인으로는 최초로 본사 글로벌 부서의 요직까지 오를 만큼 잘나가고 있었던 터라 추락의 고통도 컸다. 교포 사회에서 부러움도 한 몸에 받고 있었으니 자존심도 크게 상했다(지금도 당시 독일에서 친분을 쌓았던 교포들은 당시의 내 상황을 정확히 모른다). 그러나 스스로 움직이지 않으면 아무것도 달라지는 게 없기에, 어떻게든 마음을 다잡고 그 자리에서 할 수 있는 일들을 하나씩 해나가야만 했다.

먼저 한국에 있을 때 친분을 쌓아왔던 헤드헌터를 포함해 생면부지의 아시아권 헤드헌터까지 스무 명 정도에게 정성스러운, 하지만 결코 구차하지 않은 메일을 썼다. 그간의 내 경력과 내가 가진 장점을 객관적으로 설명한 뒤, 한국이나 아시아권에서 내게 맞는 기업이 있는지 찾아봐줄 것을 정중히 요청하는 메일이었다. 또한 플랜B로 강연이나 외부컨설팅을 연계해줄 만한 에이전시에게도 연락을 취했다.

한편 회사에서는 태만함 없이 업무를 이어갔다. 독일어도 못하는 내게 원래 해오던 글로벌 임직원 관리 대신 독일 현지 직원을 관리하라는 엉뚱한 업무가 주어졌지만, 오히려 그전보다 더 일찍 출근해 내가 할 수 있는 모든 것을 다 했다. 그것이 나 스스로 자존심을 지키는 길이었다.

안타깝게도, 헤드헌터들로부터 종종 연락이 오고 인터뷰에 응하기도 했지만 성사된 곳은 없었다. 하지만 여기서 주저앉을 수 없다고 결심을 굳힌 후로는 그 시간이 그렇게 괴롭지 않았다. 오히려 나라는 매물賣物을 두고 흥미로운 반응을 보이는 이들을 접하며 희망을 발견할 수 있었고, 그 희망으로 인해 포기하지 않고 도전을 이어갈 수 있었다.

한국지사로 돌아온 뒤로도 5개 월여간 조용히 회사를 다니며 (독일로 떠날 당시 인수인계를 모두 끝냈던 터라 내가 해야 할 주요 업무는 많지 않다) 향후 나아갈 길을 끊임없이 모색했고, 드디어 새 무대에서 도전할 기회를 찾을 수 있었다. 독일에서 갑작스럽게 퇴출 통보를 받은 지 10개월 만이었다. 내일을 예측할 수 없다는 것은 인생이 우리에게 주는 시련이기도 하지만, 오히려 그것이 때론 '반전'이라는 선물을 가져다주기도 한다는 것을 깨닫는 순간이었다.

끝날 때까지 끝난 것이 아니다

아무리 A플레이어라 할지라도 확률적으로는 되는 일보다 안 되는 일이 더 많다. 겉보기에는 어떨지 몰라도 속내를 들여다보면 별반 다를 게 없는 직장인으로서의 애환이 가득하다. 다만 그들의 차이는 실패를 절망과 포기로 끝내지 않고 성장과 변화의 주춧돌로 삼는다는 것이다. 무엇을 선택하느냐는 전적으로 자기 자신에게 달렸다. 주저앉을 것인가, 그럼에도 불구하고 앞으로 나아갈 것인가는 환경이 아닌 자신의 몫이라는 것이다.

또 하나, 위기와 성장은 정확히 비례한다. 노송老松이 아름다운 것은 거친 비바람을 이겨내고 끝끝내 살아남았기 때문이다. 위기와 실패를 피하고 싶다고 말하는 것은 지금 선 자리에서 밀랍 인형처럼 굳어버리겠다는 것이나 다름없다.

독일에서 한참 길을 찾고 있을 때 멘토로 따르던 분으로부터 연락이 왔다. 그분은 내게 이런 말씀을 하셨다.

"내 인생도 다르지 않았네. 하나가 해결되면 또 다른 위기가 찾아오고, 이제 좀 편해질까 싶으면 더 엄청난 일들이 벌어지고…. 우리에게 유독 힘든 일이 벌어지는 게 아니라 그게 인생인 걸세."

그분의 말 뒤에 이 한마디를 덧붙이고 싶다. 내가 끝을 내기 전까지는 끝난 것이 아니라고.

한두 번 무너졌다 해도 부활의 길은 분명 있다. 모두가 끝났다고 생각하는 순간에도 다시 살아날 수 있는 길이 있는 것이 커리어다. 그러니 끝까지 손을 놓지 말자.

ARE YOU OK?
당신의 커리어는 괜찮은가?

게임의 법칙은 달라졌다

회사 안팎에서 늘 그런 일에 직간접적으로 관여하는 내 직업 때문인지 모르지만, 내가 만나는 사람 중 열에 아홉은 커리어의 관점에서 어떻게 앞으로 살아갈 준비를 하면 좋겠느냐는 질문을 곧잘 던진다. 사실 나 역시 그들과 똑같이 한순간도 긴장의 끈을 놓쳐서는 안 되는 사람 중 하나이고 무슨 대단히 뾰족한 수가 있는 것도 아니다.

보통 능력이 아니고서야 회사를 55세 이후까지 다닌다는 것은 너무나도 풀기 힘든 과제이고, 정년퇴직은 문자 그대로 꿈같은 이야기가 아닌가. 그렇기에 요즘은 불혹이라는 나이를 넘기게 되면 이전에는 쳐다보지도 않았던 나이든 아파트 경비원 분들을 진중한 눈빛으로 바라보게 되고, 어느 방송 프로그램에 등장한 파출부 자리를 알아보는 중년 아주머니의 이야기가 왠지 가슴 한 구석을 파고든다. 남편이 대기업 간부였을 때는 파출부를 불렀었는데 이제는 남편의 실직으로 자신이 파출부가 되기 위해 '면접'을 통과해야 하는 신세가 되었다는 그녀의 넋두리가 남의 일 같지만은 않다.

하지만 곰곰이 생각해보면 막막한 가운데서도 우리가 인생 후반전을 앞두고 맥없이 쓰러지게 되는 주된 이유 하나를 발견할 수 있다. 바로 논리적으로 냉정히 판단해야 하는 상황에서는 감성적이 되어 지나치게 낙관적으로 생각을 하고, 행동해야 할 이유가 분명할 때는 오히려 실행하지 못하는 수많은 다른 이유를 만들어 내는 데 열심이라는 것이다. '하늘은 스스로 돕는 자를 돕는다'는 속담을 잘못 이해한 나머지, 스스로 돕는 부분은 배제한 채 하늘만 바라보고 기도만 열심히 하는 것은 아닐까? 이제는 어디서든 쉽게 접할 수 있는 다음의 자료들을 커리어 관점에서 어떻게 해석해야 할까?

■ 50대 가구는 평균적으로 4억 2,479만 원의 재산을 가지고 있으며, 부채 7,939만 원을 빼고 나면 순자산은 3억 4,540만 원에 불과하다. 문제는 전체 재산 중 부동산과 같은 실물자산이 차지하는 비중이 75퍼센트에 달한다는 점이다. 베이

비부머 세대 중 국민연금을 제대로 타는 비율이 3분의 1밖에 되지 않고, 연금 평균 수령액도 월 60만 원 정도밖에 안 될 것으로 예상된다. (《100세 시대 은퇴사전》 중)

■ 평균적으로 자영업을 시작하고 3년 이후에 80퍼센트 정도는 문을 닫게 된다. 자영업자의 성공률이 자꾸 떨어지고 있다. 특히 2012년 기준으로 서울의 커피집 숫자는 1만 1,000개에 달한다(제과와 함께 커피를 파는 곳은 제외). 4년 전에 5,900개였으니 불과 4년 만에 거의 두 배로 늘어난 셈이다. 서울 시민 895명에 하나라는 계산이 나오는데, 어린 아이 빼고 커피 싫어하는 사람을 빼면 장사가 될지 의문이다. 첫해 생존율이 76.9퍼센트, 2년 차 생존율은 55.8퍼센트, 3년 차는 47.4퍼센트로 뚝 떨어진다. (TV조선 뉴스, 2015. 1.)

■ 22년 후 한국이 일본(일본의 식물경제)이 된다. 앞으로 수년간 많은 국가들이 인구구조적 절벽을 맞아 정부 부양책의 효과가 점점 떨어질 것이다. 한국은 2018년 무렵 인구구조적으로 정점을 치기 훨씬 전부터 경제가 내림세를 걷기 시작할 것이다. 중국은 현대 역사상 내가 목격한 버블 가운데 가장 심각하며, 중국에서 버블이 터지는 것은 시간문제일

뿐이다. 중국이 타격을 받으면 한국 역시 직격탄을 맞는다.
《2018 인구절벽이 온다》중)

■ 생애주기의 배반이 시작되었다. 긴말할 것 없다. 100세 시대는 온다. 아니, 벌써 와있다. 2014년 현재 한국인의 평균수명은 81세다. 그런데 여기에는 세계 최고의 자살률에 각종 사고사까지 포함되어 있다. 40대에 건강상 큰 문제가 없다면 이젠 100세까지 산다. 지난 한 해 동안 100세가 된 사람이 전국에 1,200명이다. 앞으로 기하급수적으로 늘어날 것이다. 당신도 그중 한 사람이다. 퇴직연령은 낮아지고 대체로 30이 가까워 취업을 한다. 2012년 경총 통계에 의하면 평균 은퇴연령이 53세. 50대 중반이면 전부 현역에서 물러난다. 100세 인생을 생각하면, 그 이후의 시간이 45년. 은퇴 후 인생이 전반전의 두 배 이상 늘어났다. 이제 '여생'이라는 단어는 없다. 《인생내공》중)

이 같은 견해에 대해 당신은 어떻게 반응할까? 여전히 '어떻게 되지 않겠어?'라는 낙천적인 생각이 드는가? 어떤 상황 속에서도 미래를 긍정적으로 바라보는 자세는 절대 필요하지만, 냉정히 말해 근거 없는 단순한 긍정성은 당신을, 아니 당신을 포함한 가족 모두를 사지로 내몰 수도 있다는 무시 못 할 현실을 간과해선 안 된다. 그렇다. 게임의 법칙은 달라졌고, 곳곳에서 그런 징표가 드러나고 있다. 위에서 언급한 수치들은 우리가 처한 현실의 작은 단면에 불과하다.

●
달라진 법칙에 맞설 지침 두 가지

그렇다고 하루아침에 획기적인 변신을 꾀하라는 말은 아니다. 다만 지금 있는 자리에서 내 위치에 대해 정확히 진단을 내리고, 지금까지 유지해온 생활 방식에 작은 변화를 줄 필요가 있다. 이를 위해 실질적이고 중요한 지침 두 가지를 전한다.

첫째, 회사생활을 잘 해야 한다. 우선은 회사 안에서 무조건 살아나야겠다는 다짐을 하자. 왜? 바깥세상은 너무 살벌하기 때문이다. 인정하기 싫겠지만 우리 대부분은 머슴같이 시키는 일을 하는 데 익숙하고, 주인(?)의 따뜻한 보호막 속에서만 있었기에 위기 대처능력이 전무하다. 아무 생각 없이 문밖으로 나갔다가는 혹한에 얼어 죽기 딱 좋다. 그래도 회사 안에 있을 때는 회사라는 1차적 방호벽이 나를 보호하고 있지 않은가! 문득 최근 세간의 화제가 되었던 드라마 〈미생〉의 한 대사가 떠오른다.

"회사 안의 하루하루가 전쟁터 같다고? 회사 밖은 지옥이야."

하지만 밑도 끝도 없는 버티기 작전은 우리를 고사시키고도

남는다. 일터에서 만나는 대다수의 직원들이 농담 반 진담 반으로 이런 말들을 하곤 한다.

"나는 시켜준다고 해도 임원 안 할 거야."

엄청난 업무의 중압감, 책임감과 함께 너무 쉽게 퇴출당할 수 있는 환경에 노출되는 것을 꺼리기 때문일 것이다. 하지만 이런 말을 들을 때마다 나는 쓴웃음을 짓는다. '철딱서니 없는 사람들 같으니라고….' 생각 없는 복지부동 작전은 정리해고 대상 제1순위가 될 수 있음을 상기하자. 어느 미친놈의 회사가 패기나 도전의식, 위로 치고 올라갈 의지를 보이기는커녕 앉은 자리에서 뭉그적대며 나이만 먹어가는 고참을 그냥 놔두겠는가? 일부 '신의 직장'과 전통적인 문화를 가진 국내 기업에서는 가능할지 몰라도 그것이 진리일 수는 없다. 회사는 그리 호락호락한 존재가 결코 아니기 때문이다.

비록 공식적으로 발표하지는 않았지만 점점 많은 국내 대기업이 승진 나이 상한선을 두고 직원들을 관리하고 있다. 일정 나이가 찰 때까지 임원이 되지 못하면 마냥 봐주지 않고 권고사직이나 명예퇴직의 절차를 밟는 것이다. '평생직장'이라는 말이 이미 오래전에 사라졌다면 '만년과장, 만년부장'이라는 단어 역시 추억의 책장 속으로 들어가는 것은 시간문제다.

둘째, 그러니 지금 몸담고 있는 회사에서 제때 꼬박꼬박 월급받고 있을 때 더 이상 지체하지 말고 서둘러 근력과 맷집을 길러

두자. 회사에 기여하면서 동시에 인생 후반전을 준비해야 한다는 말이다.

오해는 하지 말자. 근무시간에 인터넷으로 주식 투자를 하거나 자영업 아이템을 알아보라는 것이 아니라, 현재 하고 있는 일에서 제대로 된 의미를 찾고 스스로 가치 있는 사람이 되려는 노력을 기울이라는 소리다. 몇 해 전 작고한 변화경영연구소 구본형 소장은《구본형의 필살기》에서 "인생 전반부 동안 의무와 책임이 강조되는 '회사시대'를 통해 자신의 필살기를 창조하고, 인생 후반부에는 그 필살기에 기반을 둔 시장 경쟁력을 활용하여 전문적 프리랜서나 1인 기업가 혹은 소수의 창조적 네트워크를 통해 부가가치가 높은 1인 CEO로 살아야 한다"고 했다.

꼭 프리랜서나 1인 기업가가 될 필요는 없지만 필살기가 필요한 것은 분명하다. 나만의 필살기를 찾으려면 우선 내가 하는 일에서 의미를 찾고 본인 커리어의 정체성을 확인하는 작업이 필요하다. 내가 무슨 일을 하고 있고, 이 일이 내게 어떤 의미가 있는지 모르는데 어떻게 남과 차별화된 필살기를 구축할 수 있겠는가?

40년의 경제활동 시간이 아직 남아있는데 마냥 시계추처럼 왔다 갔다 하는 직장생활을 되풀이할 수는 없는 노릇이다. 도돌이표를 반복하는 당신의 커리어 인생이 지겹지도 않은가? 지겨운 일상(그것도 안정적이지 않은)에서 벗어나려면 우선 내가 하는 일의 의미와 정체성을 찾아야 한다. 이를 통해 스스로 주인의식을 갖고 작게라도 조직에 기여한다는 자신감을 찾을 때 비로소 막혔던 시야가 열릴 것이다.

●
움직이는 사람에게 반드시 길은 나타난다

우리 스스로 현상을 정확히 파악하고 작전을 짜서 움직이기 시작하면 꽉 막힌 회사 안에서도 분명히 길을 찾을 수 있다. 그것이 바로 자본주의 사회의 메커니즘이다. 물론 정부와 이 사회의 리더들이 해야 할 몫은 분명히 있지만 거기에 너무 큰 기대를 하지는 마라. 지금 우리가 더 민감하게 반응해야 할 부분은 우리 자신이 해내야 할 몫이다. 누군가 나서서 해결해주기를 기다릴 만큼 여유 있는 상황이 못 된다. 정부나 사회의 해결책을 기다리는 것은 끓는 물 속의 개구리처럼 부지불식간에 단명하는 결과만 초래할 뿐이다.

영어 공부를 잘하려면 3박자가 맞아떨어져야 한다고들 한다. 좋은 선생님, 좋은 프로그램(교재) 그리고 열정적으로 공부하는 학생. 하지만 최고의 선생님과 값비싼 교재로 중무장을 해도 학생이 움직이지 않는 한 영어 실력은 절대 늘지 않는다. 이와 마찬가지로 커리어 성공도 3박자가 맞아떨어져야 한다. 인재 개발에 투자하는 기업문화, 역량 있는 매니저, 그리고 주도적으로 자신의 커리어를 책임지려 노력하는 직원 개인. 회사와 매니저가 엉터리라 하더라도 직원 개인이 제대로 정신을 차리면 커리어의 성공은 반드시 이루어진다.

지금은 그 시작이 직원 개개인, 즉 바로 나 자신으로부터 이뤄져야 할 타이밍이다. 내가 먼저 나서서 평생의 커리어에서 생존하고 성공하는 법을 찾아내야 한다. 물론 한 번에 열리는 행운의 탈출구는 찾을 수 없을지 모른다. 그러나 움직여야 한다. 움직이지 않는다는 건 그 자리에서 말라 죽겠다는 것이나 진배없다.

우리는 이제 겨우 전반전을 마무리하고 있을 뿐이다.

핵심인재는
다들 어디로 갔을까?

●
핵심인재도 언제든 쓰러질 수 있다

세계적 석학인 짐 콜린스는 《위대한 기업은 다 어디로 갔을까》에서 "위대한 기업도 언제든지 쓰러질 수 있다"며 소위 잘나가는 기업들에게 경고의 메시지를 보내고 있다. 뻔한 이야기처럼 들릴 수 있지만 과거의 성공으로부터 자만심이 생겨나는 것이 몰락의 첫 번째 단계라고 그는 말한다.

소위 기업의 핵심인재들에게도 이와 동일한 가설을 적용할 수 있다. 억대 연봉 못지않게 샐러리맨들에게 자신도 모르게 어깨에 힘이 들어가게 만드는 것이 '나는 우리 회사의 핵심인재'라는 보이지 않는 간판과 자부심이다. 하지만 어제의 위대한 기업이 역사의 뒤안길로 사라졌듯 한두 번 핵심인재로 대우받았다 한들 그 자체가 오늘날의 고용시장에서 보험 역할을 해주는 것은 절대 아니다.

하물며 실제 핵심인재도 아니면서 잘나가는 부서나 요직에 잠시 머물렀다는 이유만으로, 또 중요 프로젝트에 한두 번 참여했다고 해서 장밋빛 미래를 꿈꾼다면 이는 정말 심각하다. 그런데 심각함을 넘어서 중증 정신착란에 가까운 증세가 있으니, 본인의 능력은 전혀 생각지 않고 회사 간판을 방패로 삼는 것이다. '그래도 내가 이름 들어 다 알 만한 회사에 다니고 있는데 밖에 나가 아쉬운 대로 일자리 하나쯤은 구할 수 있지 않겠어?' 하며 말이다.

이는 마치 2002년에 한국 축구가 안방에서 월드컵 4강 신화를 이룬 것 하나만 두고, 그 다음 월드컵에서도 최소한 16강이나 8강까지는 갈 것으로 기대하던 것과 다르지 않다(2002년 이후의 월드컵 성적에 대해서는 굳이 말하지 않겠다). 월드컵 4강 신화의 주역이었던 한 선수가 "2002년 월드컵은 어제 내린 비에 불과하다"고 말했듯, 과거에 이룬 업적이나 현재 몸담고 있는 회사의 간판은 언제 그칠지 모르는 소나기 정도로 생각하는 것이 옳다.

내 서재 책장에는 몇 개의 액자가 진열돼 있다. 뭇사람들이 동경하는 글로벌 다국적 기업에서 일했을 때 회사 임원들과 함께 찍은 기념사진들이다. 참고로 말하자면 사진 속 내 동료들은 나보다 나이도 젊고 객관적인 프로필도 뛰어난 핵심인재로, 회사의 요직에 있으면서 그에 상응하는 매력적인 보너스를 두둑이 챙기곤 했다. 하지만 시간이 그리 많이 지나지 않은 지금, 사진 속에서 웃고 있는 사람들의 절반 이상은 그곳을 떠나고 없다.

나와 함께했던 핵심인재들의 근황을 보면 대략 다음의 네 가지로 정리된다.

- 아직은 계속 한 회사에서 나름대로 인정받고 있다.
- 잘나가는 듯했으나 더 이상 승진하지 못하고 다른 곳으로 이직도 못해, 재야에 묻혀 조용히 남은 인생을 보낸다.
- 불과 몇 년 만에 핵심인재 그룹에서 쫓겨나 불명예스럽게 회사를 떠난 후 여기저기에서 전전긍긍하며 계속 고전하고 있다(자기 사업 포함).
- 계속 분전하면서 다양한 조직과 업종에서 성공적으로 생존해나가는 중이다.

오해는 없었으면 한다. 그렇다고 핵심인재가 되지 말거나 요직에서 일을 열심히 하지 말라는 것은 절대 아니니까. 할 수만 있다면 그렇게 해야 하고, 이런 행적들이 다음 도약을 위한 디딤돌이 될 수 있음이 분명하다. 다만 잊지 말아야 할 것은 과거나 현재의 영광 속에 정체되어 추억을 위안 삼고만 있어서는 안 된다는 것이다.

핵심인재라는 타이틀보다 중요한 것

다시 한 번 강조하지만 내가 지금 잘나가는 핵심인재인지 아닌지는 커리어 게임의 룰이 모두 바뀌고 있는 오늘날에는 그리 중요하지 않을 수도 있다. 그 실체의 객관성이 충분히 검증되지 않았을뿐더러, 결국 이 또한 지나갈 것이기 때문이다 This too shall pass away. 그러니 내가 현재 위기에 직면해 있든 남이 부러워할 만한 위치에 있든 일희일비해서는 안 된다. 미래를 결정하는 것은 '내가 지금 어떤 모습인가'가 아니라 '내가 지금 어떻게 하고 있는가'다. 이제부터라도 다음의 두 가지를 기억하며 한 걸음씩 전진해나가기를 바란다.

1. 한두 번의 인정으로 영원한 핵심인재로 남을 수 있다는 착각에서 벗어나 조직과 시장에서의 내 위치를 올바로 바라보는 시각을 갖자.
2. 이를 바탕으로 '핵심인재 콤플렉스'에서 벗어나 어떤 조직에서도 롱런할 수 있는 준비를 해야겠다는 마인드를 정립하자.

내가 조직 안에서 진짜 어떤 모습으로 자리 잡고 있는가, 그보다 더 큰 무대인 이 세상 속에서는 어디에서 어떤 모습으로 서 있는지를 냉정하게 파악하는 것은 내가 정말 핵심인재인가의 여부보다 훨씬 더 중요하다.

우리는 학교나 회사, 그 밖의 여러 모임에서 '남는 건 사진밖에 없다'며 꽤나 많은 사진을 찍는다. 그렇게 친구나 동료들과 어울려 촬영한 사진을 볼 때면 열에 아홉은 사진 속에 있는 자기 모습을 먼저 찾는다. 내 얼굴과 옷매무새, 제스처 등이 괜찮은지 확인하고 나서야 다른 사람의 모습도 살핀다. 이렇듯 사람은 누구나 자기 모습에 집착한다. 오죽하면 돌잔치 사진은 아기보다 부모가 잘 나온 것으로 고른다는 말이 있을까?

그렇다면 조직 속에서의 내 모습은 어떠한가? 현재 소속된 직장에서 나는 어디에 어떤 모습으로 '찍혀' 있는지 그리고 '찍혀 가고' 있는지 바로 찾아내 이야기할 수 있는가? 또한 살아있는 이 한 장의 사진이 나로 인해 한층 더 완벽한 구도를 보이는가, 아니면 어색하거나 아예 망가져 보이는가? 혹시 내 존재가 인식도 안 될 만큼 미미해 보이는가? 사진 속의 다른 사람들은 내 모습이 아예 안 보였으면 하는 생각을 하고 있지는 않은가?

이 살아있는 단체사진 속의 내 모습과 존재 의미에 대해 생각해보자. 나아가 대한민국의 복잡한 시장 상황 속에서 나는 어디에 서 있으며, 앞으로 어느 위치에 자리 잡을 수 있을지를 생각해보자. 당장의 생존을 위해 그리고 그보다 더 의미 있는 성공의 이야기를 만들기 위해 내가 지금 어디에 있고 어디로 가고 있는지에 대해 진지한 물음을 던져볼 때다.

넘버 원Number One 보다 온리 원Only One이 돼라

한국 프로야구 초창기에 MBC 청룡에서 시작해 2000년까지 활약한 LG 트윈스 김용수 선수를 혹시 아는가? 그는 선수 생명이 상대적으로 짧은 투수였지만 만 40세까지 현역으로 뛰었고, 2000년 11월 20일 은퇴했을 때 그의 번호 41번은 LG 트윈스 최초로 영구결번이 되었다. 그는 인기스타로 인정받을 만큼 화려한 선수생활은 못했지만 투철한 자기관리와 성실성으로 늘 자기 몫을 해내어 팬들과 구단의 신뢰를 받았다. 팀의 승리를 위해서라면 선발이든 마무리든 몸을 사리지 않고 최선을 다하던 그의 모습은 LG뿐 아니라 모든 프로야구 팬들의 기억 속에 전설로 남아 있다.

화려하지는 않지만 멀리 그리고 오래 뛰는 것. 그렇게 되려면 과거의 내 모습과 이별하고 이제부터라도 제대로 시작하려는 굳은 의지가 필요하다. '최고Number One'가 되는 것도 의미 있는 일이지만, 지금 우리에게는 동료와 조직에게 그리고 시장에서 김용수 선수처럼 오랜 시간 동안 신뢰받을 수 있는 '한 사람Only One'이 되는 것이 더 중요할지 모른다.

끝으로, 내가 지금 동료나 조직으로부터 인정받기는커녕 내일조차 기약 못할 만큼 초라하게 느껴지더라도 좌절하지 않았으면 좋겠다.

사실 나는 핵심인재라는 타이틀을 부여받아 본 적이 드물다. 오히려 크고 작은 위기로 점철된 시간이 훨씬 더 많았던 것이 사실이다. 그런데 그것이 되레 약이 되었고 좋은 자양분이 되었다. 스스로 부족하다고 생각했기에 핵심인재라는 착각에 빠진 적이 없었고, 회사로부터 능력을 인정받는 순간에도 안도하지 않았다. 오히려 주기적으로 마음을 비워왔고, 기회가 주어질 때마다 내가 선 자리에서 다시 내려와 맨땅에서 새롭게 다시 시작하곤 했다. 스스로 과신하지 않고 늘 긴장 속에 살았던 것이 내 인생 최고의 행운이라면 행운일 것이다.

나는 내 몸에 참 감사한다. 역설적이지만 타고난 건강 체질이 아니기 때문이다. 건강한 체력을 가졌다면 감기 같은 잔병치레를 할 일도 없고 술자리에도 부담 없이 나서겠지만, 조금만 관리를 소홀히 하면 바로 이상신호가 감지된다. 운동을 잠시 쉬거나 약간만 과음을 해도 건강수치에 빨간불이 들어오기 때문에 긴장을 늦출 수가 없다. 평소에 늘 신경을 써야만 한다는 것이 스트레스가 되기는 하지만, 적어도 한 방에 '훅' 가는 일은 없을 테니 생각하기에 따라선 감사할 일이 아니겠는가?

몸도 커리어도 모두 이런 체질이다 보니 지금까지 나는 '무언가 내게 부족하지 않은가' 자문하며 살아왔다. 내 부족한 면을 끊임없이 인지하려 노력하는 과정에서 일종의 '마이너스 감도感度'가 내 안에 자리 잡게 된 듯하다. 덕분에 나는 별다른 문제가 없는 상황에서도 항상 주변을 살피고 스스로를 정검한다.

　성공적인 사회생활을 하는 데는 자신감뿐만 아니라 '내 능력
은 아직 완성되지 못했다'는 마이너스 감도 역시 중요한 작용을
한다. 그러니 지금 내 자신이 부족하다고 생각되더라도 좌절할
필요는 없다. 내가 채워야 할 그 빈자리를 앞으로 나아갈 지표로
삼으면 될 일이다.

40대 직장인이 자신에게 던져야 할 12가지 질문

우등생과 성공하는 샐러리맨의 공통점

우리 모두 수긍하는 사실 하나가 있다. 학창시절의 우등생이 반 드시 사회의 우등생이 되지는 않는다는 것이다. 이와 동시에 우 리가 무심코 놓쳐버리는 또 다른 진리가 있다. 회사에서 늘 최상 의 인사고과를 받는다고 해서 그것이 곧 커리어 여행의 최종 성 공으로 귀착되지는 않는다는 사실이다.

그런데 여기 또 하나. 우등생과 커리어 여행에서 성공한 샐러 리맨에게는 중요한 공통점이 있다. 바로 본질을 꿰뚫는 질문을 잘 던진다는 것이다. 또한 그 질문을 통해 남들이 간과하기 쉬운 현상을 정확히 파악해 자신만의 통찰력Insight을 만들어 낸다는 것이다. 이들은 이를 이용해 결국에는 우등생이 되고 남다른 커리어를 일구어낸다.

회사 안팎에서 많은 사람이 커리어의 고민을 안고 나를 찾아온다. 그러나 고민 끝에 던지는 질문은 대부분 핵심을 찌르지 못한다. 본질을 꿰뚫는 질문으로 나를 곤혹스럽게 하는 경우는 극히 드물다.

그들이 던지는 질문들을 보자면 몸값을 올리기 위해 대학원에 진학해야 하는가, 그냥 큰마음 먹고 해외유학이라도 다녀오는 것이 옳은가, 늦었지만 지금이라도 영어 공부를 시작해야 하나, 회사가 비전이 없어 보이는데 이직을 하면 어떨까, 그럴듯한 회사에서 러브콜이 왔는데 수락하는 것이 좋을까, 새 직장의 근무환경이 입사 전에 듣던 것과 너무 다른데 참고 다녀야 하는가, 조직개편이 잦고 직원들의 이기주의가 팽배한데 이런 곳에 꼭 있어야 하는가 등이다. 이럴 때 나는 그들의 질문에 즉답하지 않는다. 근본적인 문제가 해결되지 않는 한, 당장의 결론을 내린다 한들 또 다른 선택의 기로에 섰을 때 전처럼 다시 방황하며 고민할 것이 분명하기 때문이다.

그래서 나는 답을 구하는 그들에게 오히려 몇 가지 질문들을 던진다. 자기 자신도 인식 못하는 본심을 깨닫게 하고, 나아가 평생의 커리어를 성공으로 이끌 수 있는 전략과 전술을 가질 수 있도록 돕기 위해서다. 그렇게 해서 궁극적으로 내일을 다시 꿈꿀 수 있게 하는 것이 목적이지만, 적어도 이 질문들을 통해 시간과 자본이 불필요하게 낭비되는 것을 막을 수 있을 것이다. 그 질문들은 다음과 같다.

1. 흔들림 없는 전략과 전술을 가지고 커리어 게임을 지배하고 있는가, 아니면 주변의 말 한마디나 논객의 평가에 흔들리고 있는가?
   - 나만의 나침반이 없으면 남들이 뛰는 방향에 따라 계속 좌지우지될 수밖에 없다. 시시때때로 찾아오는 선택의 순간에 흔들리지 않으려면 행동을 결정할 때 지침이 될 근본적인 원칙이 필요하다.

2. 가슴을 뛰게 하고 의미를 찾을 수 있는 곳에 에너지를 쏟아붓고 있는가?
   - 내가 정말 이루고 싶은 것, 하고 싶은 것, 되고 싶은 사람의 명확한 상이 무엇인가? 이를 위해 지금 내가 인생 후반전까지 충분히 승부를 걸 수 있는 분야에서 분투하고 있는가? 그 누구도 커리어 여정의 최종 모습을 확언할 수 없겠지만, 어디로 갈 것인지 정확히 알고 있으면 실제로 목표점에 도달할 가능성은 매우 높아지게 마련이다.

3. 커리어와 인생을 한 무대로 보는가, 분리해서 생각하는가?

- 수많은 샐러리맨이 범하는 가장 큰 오류 중 하나가 커리어와 인생을 별개로 생각하며 대수롭지 않게 진로를 선택한다는 것이다. 단언하건대 커리어는 인생의 커다란 부분집합이고, 지속적인 행복과 자아실현에 막대한 영향을 미친다.

4. 나 자신에 대해서 얼마나 잘 알고 있으며, 이를 위해 얼마만큼 시간과 비용을 들여 노력하고 있는가?
- 자신에 대해서 잘 알아야 하는 이유는 그것이 자신을 강력한 비밀병기로 만드는 첫걸음이기 때문이다. 정기적으로 나를 찾고 정리하는 시간을 갖고 있는가? 자기를 찾기 위해 떠나는 여행이나 자기 성찰의 시간만큼 성공적인 커리어를 만드는 데 도움이 되는 것은 없다.

5. 자기주도적으로 평생학습과 성장에 투자하고 있는가?
- 평소에 학습, 성장, 재도약을 위해 어느 정도 투자하는가? 의미를 부여하기 애매한 자식 사교육이나 유흥비에는 생각 없이 돈을 쓰면서도, 자기계발을 위해 책 한 권 사는 데는 벌벌 떠는 코미디 같은 인생을 사는 경우가 허다하다. 강력한 학습기계가 되기 위해(단, 목적과 동기가 분명해야 한다) 노력할 필요가 있다.

6. 주기적으로 커리어의 자기 성찰Self-reflection을 하고 있는가?

- 5년 전 어떤 커리어의 여정에 있었으며, 지난 5년간 무엇을 배웠고 현재의 나와 비교하여 개발하거나 개선시킨 역량은 무엇인가? 커리어를 다시 잘 만들어 보고 싶은데, 어디에서 시작할지 고민된다면 얼마 지나지 않은 과거를 찬찬히 되짚어보는 것이 도움이 된다. 성장을 위해 그간 시도하고 이루어낸 것을 가만히 반추해보기를 바란다. 시도하거나 이루어낸 것이 없다면 같은 과오를 되풀이하지 않도록 계획을 세우고 의식적인 노력을 해보자.
  5년 전부터 지금까지의 자기 성찰을 마쳤다면 3년 후의 커리어 여정을 떠올려보자. 물론 먼 훗날의 보다 궁극적인 목표를 잡는 것이 정석이지만, 그것이 너무 막연하다면 적어도 3년 후(3개년 계획)를 그리는 것부터 시작해보자.

7. '기회'보다는 '보장'이라는 단어에 집착하고 있지는 않은가?

- 사회주의가 몰락하고 자본주의가 성장한 이유는 보장(혹은 안정)보다 기회를 택했기 때문이다. 내가 만난 성공한 전문가들은 모두 기회에 자신의 열정을 베팅했지, 무언가 보장받기 위해 매달리지 않았다. 도약을 바란다면 어느 정도의 위험은 감수할 수 있어야 한다. 완전한 무풍지대는 없다.

8. 맡은 일을 빠르고 정확하게 매듭짓고 있는가?

- 프로는 말보다 행동으로 보여준다. 결국 실행력이 있어야
  한다. 매일 똑같은 것을 붙들고 차일피일 시간만 보내고 있
  으면서 상황이 나아지기를 기대하지 마라. 실제 행동에 옮
  기면 의외로 생각보다 일이 쉽게 풀리기도 한다는 것을 깨
  닫게 될 것이다.

9. 상사와 함께하고 그 어깨 위의 짐을 줄여주려고 노력하고
   있는가? 나아가 그가 생각하는 비즈니스상을 보다 구체화
   하기 위해 함께 고민하고 있는가?

- 윗사람에게 잘 보이기 위해 아부하라는 말이 아니다. 커리
  어 여정을 완성 중인 당신은 우선 지금 속한 조직 안에서 성
  장해야 한다. 상사가 원하는 것을 파악하고, 정말 필요한 것
  을 채워주려고 노력하다 보면 적어도 조직의 어젠다agenda
  와 어긋나는 방향으로 가게 되지는 않을 것이다.

10. 조직이 인정하는(시장에서도 원하는) 내 진정한 커리어 브
    랜드는 무엇인가?

- 진정한 다름을 추구하며 이를 바탕으로 혼을 담은 제대로
  된 프로필과 이력서를 작성해 본 적이 있는가? '1만 시간의
  법칙'을 이미 경험한 이 시점에서 조직이 잃기 싫어하고, 시

장이 언제라도 투자하고 싶어 하는 나만의 확실한 원투 펀치는 과연 무엇인가? 조직이나 시장이 원하는 것은 대체 불가능한 블루오션임을 잊어선 안 된다.

11. 나를 기꺼이 다른 자리로 추천해줄 영향력 있는 조력자들이 있는가?

- 나만의 인맥 지도가 있는가? 정치적으로 결성된 학연이나 지연을 말하는 것이 아니라 마음으로부터 당신을 지지해줄 서포터즈를 말한다. 없다면 지금부터라도 정성스럽게 만들고, 있다면 그들과 더 좋은 신뢰관계를 쌓아라. 현재는 물론 지금 직장을 떠날 때에도 조력자들의 역할은 생각보다 크다.

12. 정상 일보 직전에서도 손에 쥔 모든 것을 버리고 내려올 마음의 준비가 되어 있는가?

- 나는 부상자를 쏘아 죽일 용의도 있는가? 정기적으로 과감하게 비우고 지울 수 있는 용기가 있어야 한다. 기껏 한두 번 성공을 가져다준 레퍼토리를 너무 즐겨 쓰지는 마라. 더 큰 것을 확대 재생산해내려면 가진 것을 놓을 줄 아는 용기가 필요하다.

● 이제는 스스로 해답을 찾아 나설 때다

40대라는 불혹에 던지는 이 질문들에는 수리탐구 문제처럼 절대적인 정답은 없다. 하지만 분명한 것은 이제는 이런 질문들에 대해 나름의 답변을 구체적으로 말할 수 있어야 한다는 것이다. 이 답변들이 남은 후반전과 연장전을 원하는 페이스대로 풀어 나갈 수 있는 원동력이 되기 때문이다. 도대체 왜 이런 골치 아픈 질문들을 스스로에게 던져야만 할까 생각하기 싫어 외면한다면 한 걸음도 전진하지 못할 것이다.

위의 질문들은 수많은 샐러리맨들의 머릿속을 지배하는 질문들과는 전혀 다를 수 있다. 또한 그들이 1차적으로 듣고 싶은 내용이 아닐지도 모른다. 하지만 어디로 가야할 지 몰라 답답하고, 길을 찾고 싶은 마음이 절실한 그들이 반드시 짚고 넘어가야 할 질문이라는 것은 자신 있게 말할 수 있다.

우리는 이제 겨우 커리어 여정의 전반전을 끝냈을 뿐이다. 우리 각자의 커리어 스토리를 미완성으로 끝내지 않기 위해서라도 내 커리어의 본질을 묻는 질문을 스스로 던져야 한다. 그 해답을 스스로 내리고 또 다른 출발선에 서야만 아직 길게 남은 후반전과 연장전을 의미 있게 보낼 수 있다.

물론 단번에 답을 내리기 어려울 수 있다. 하지만 생각하기를 포기하지 않는다면 분명히 스스로 자신만의 해답을 찾을 수 있을 것이다. '정답the right answer'이라는 표현을 쓰지 않고 '해답the best answer, solution'이라는 표현을 쓴 것에 유의해 주었으면 한다. 드라마 〈미생〉에서 장 그래 사원의 대답이 생각나는가? 인도해야 할 물품을 잔뜩 선적한 배가 바다 위에서 구멍이 났다는 소식을 접하고 비상이 걸린 철강 팀의 강 대리를 보면서 그는 자신의 사수인 김동식 대리에게 이렇게 답한다.

"구멍이 났으면 구멍을 때우면 되지 않나요?"

그는 그렇게 자신만의 해답을 이야기해줌으로써, 화려한 스펙으로 무장되었지만 세상의 통상적인 정답에만 골몰해 있는 동기 장백기를 고개 숙이게 만들었다.

때로는 우리 역시 세상 사람들이 좇아가는 화려한 스펙과 패턴에만 골몰한 나머지 세상이 정해놓은 정답을 찾기에 연연한다. 그래서 청년 때나 중년 때나 대학원을 가야 하는 문제, 영어를 어떻게 더 잘할 수 있는지에 대한 문제, '돈과 빽'에 대한 문제, 그리고 은퇴 후에 어떤 사업을 하는 것이 유망할지에 대한 문제 등에서 절대 벗어나지 못하는 것은 아닐까?

세상의 통념적인 문제와 질문으로부터 자유로워지는 것이 먼저다. 내가 현장에서 많은 사람을 만나며 얻은 경험과 커리어 여정에서의 깨달음이 길을 찾는 당신의 고민에 부족하나마 도움이 되었으면 한다. 기술적인 질문이 아닌 보다 근본적인 질문을 통해서 말이다.

잘렸다고 인생이 끝나지는 않는다, 절대로

당신이 끝났다고 생각하면 그들도 그렇게 생각한다

가끔 나는 사람들에게 해고 통보를 받았을 때를 시뮬레이션하듯 상상해보라고 한다. 만일 그런 일이 생긴다면 내 감정이 어떨지, 가족이나 주변 사람들을 어떻게 대할 것인지, 남아도는 시간들을 당장 어떻게 보낼 것인지 등에 대해 가능한 한 구체적으로 그려보라고 말한다.

미래를 일부러 부정적으로 상상할 필요는 없지만 실직 상황을 구체적으로 떠올려보는 것은, 흡사 초겨울에 독감 예방주사를 맞는 것 같은 효과를 기대할 수 있다. 일종의 면역체계를 세운다고 할까? 물론 실제로 닥친다면 상상 이상으로 당황스럽겠지만, 예측했던 것을 바탕으로 나아갈 방향과 행동지침을 떠올리는 것만으로도 희망을 찾는 데 도움이 된다.

정말 실직 위기에 놓이든 아니면 머릿속 상상이든 기억해야 할 것은 하나다. '이제 나는 완전히 끝났구나, 여기가 내 인생의 끝이구나'라고 인정만 하지 않는다면 설령 눈앞이 캄캄한 위기 상황이 온다 해도 그것은 일시적인 '멈춤'일 뿐이라는 점이다.

인생은 그렇게 한 게임 놓쳤다고 바로 패배가 확정되는 멋없는 무대가 아니다. 그러니 종료 휘슬이 완전히 울리기 전까지 절대로 게임을 포기해서는 안 된다. 해고보다 더 심각한 위기 속에서도 다시 재기하는 케이스가 허다한데, 하물며 한두 번의 커리어 쇼크로 주저앉는다면 지금까지 살아온 인생이 너무 억울하지 않은가.

어지간히 강한 멘탈을 가지지 않은 한, 해고 통보를 받으면(잘려서 실직 상황에 직면하면) 흔들릴 수밖에 없다. 아니 앞이 캄캄해진다는 표현이 더 적절하다. 그것이 지극히 정상이다.

커리어 위기로 인해 두 어깨가 짓눌리는 중압감에 시달리는 상황에서 너무 잔인한 주문이겠지만 일단은 어떻게든 힘을 주고 버텨내야 한다. 어금니를 깨물고 전열을 가다듬어 한 번 더 싸울 준비를 할 것을 권하고 싶다. 물론 잠시 휴식과 재충전 그리고 삶을 뒤돌아보는 시간도 필요하다. 사랑하는 가족들과도 진솔하게 대화했으면 좋겠다.

하지만 스스로 포기를 인정해서는 안 된다. 당신이 끝났다고 생각하면—설령 당신의 입으로 그렇게 말하지 않더라도—당신의 온몸은 주변 사람들에게 그렇게 표현을 하게 되어 있다. 가족들도 그렇게 느끼게 될 것이며, 당신을 둘러싼 세상의 '그들'도 그렇게 생각한다. 당신이 끝났다고 선포했는데, 어느 천사가 나타나서 당신의 재기를 발 벗고 나서서 돕겠는가?

그러니 절대 기죽어 지내지 마라. 옴츠러들 필요도 없다. 의식적으로 당당하고 즐겁게 많이 미소를 지어라. 특히 당신이 가장이라면 말이다.

이제는 아름다운 추억거리가 되었지만 초등학교 시절 부친께서 잠시 실직하셨던 적이 있다. 육군 장교로 21년간 복무하고 퇴역한 아버지는 바로 취직을 하지 못해 한동안 집에 머물러 계셔야만 했다. 연금으로 최소한의 생계는 유지할 수 있었지만 세 명의 자녀가 있는 집안에서 가장의 주 수입원이 끊어졌다는 것은 큰 타격이었다. 당시 담임선생님은 유난히 등록금—당시는 '육성회비'라고 했다—납부를 독촉하셨는데, 내가 등록금을 제때 내지 못하니 심하게 잔소리를 하기 시작했다. 어린 마음에도 나는 겁이 덜컥 났다. 대부분의 시간을 집 안에서 보내는 아버지를 보며 불안감도 느꼈다. 다행히 얼마 지나지 않아 아버지는 다시 취직을 했지만, 잠시나마 주눅 들어 살았던 기억이 머리에 선명하다.

그런데 이제는 아내와 아들 녀석이 가끔 그런 반응을 보인다.

직장인으로 살아가기에 워낙 세상이 험난하고 불확실해서인지 모르지만, 어쩌다 긴 휴가를 얻어 집에 머무는 시간이 길어지면 아들이 엄마에게 이렇게 묻는다고 한다.

"엄마, 아빠 왜 회사 안 나가는 거야? 무슨 일 있는 거야?"

이것이 우리 가장들의 현주소다. 그러니 어려운 시간일수록 오히려 강한 척해야 한다. 나를 바라보는 가족들의 어깨를 두드려주면서 말이다.

●
상실의 고통, 그것이 결코 끝이 아니다

통상적으로 해고 통보가 이루어지면 회사와 당사자 간에 인사 발표 전까지는 비밀로 한다고 합의한다. 하지만 세상에 비밀은 없는 법. 대부분의 경우에는 어떤 경로를 통해서든 그 사실이 곧 알려진다. 그 순간부터는 세상이 내가 생각하는 만큼 따뜻하지 않다는 걸 실감하게 된다. 이전만큼 사람들이 내 주위에 모여들지 않는 것 같고, 신변잡기 따위를 화제로 연락해오는 건수도 급격하게 줄어든다. 당연히 주어지는 업무의 양도 점점 줄어들어 갑자기 내가 외딴 섬에 고립된 느낌을 받을 수도 있다. 이래저래 자존심 상하는 일들이, '상실의 고통'을 느낄 만한 일들이 줄줄이 시리즈로 벌어질 수도 있다. 갑자기 시간은 많이 남기 시작하는데 무엇을 해야 할지 막막하고 어느 것 하나 손에 잡히지 않는 상황이 연출된다.

이때 무엇을 해야 할 것인가? 기술적인 부분들, 즉 체계적으로 어떻게 재기를 준비해야 할지에 대해서는 다시 다루겠지만 더 늦기 전에 할 일이 있다. 인생에서 가장 중요하지만 단지 긴급하지 않다는 이유로, 아니 좀 더 냉정한 표현으로 줄줄이 빠뜨리고 있는 줄 뻔히 알면서도 삶의 분주함 때문에 혹은 속수무책으로 쏟아지는 엄청난 업무 때문에 관심조차 주지 못했던 그것을 챙기기 시작해야 할 것이다. 그것은 바로 나 자신과 가족이다. 나, 나의 건강, 자기계발, 가족들과의 관계 회복 등이 그 핵심이 될 것이다. 나 자신과 가족만큼 중요한 것이 있겠는가. 진부하게 들릴지 몰라도 그것이 진실이다.

잠시 당신은 실업자로 살겠지만 머지않아 반드시 경제활동을 재개할 것이다. 우선 명확하게 현실을 짚어주겠다. 우리 대한민국 사회에서 상실의 고통을 경험했던 사람들이 살아가고 있는 근황은 크게 다음의 다섯 가지로 압축해 분류할 수 있다.

- **A그룹 - 성공적인 이직** : 부침浮沈의 시간을 조금 가졌으나 이전보다 더 좋거나 비슷한 조건의 회사로 이직해 계속 경제활동을 한다.
- **B그룹 - 한 단계 낮추어 이직** : 이전 회사보다 네임밸류나 급여

조건 등에서는 조금 떨어지지만 경제활동은 다시 한다. 옛날을 생각하면 다소 자존심 상하는 면이 있어도, 일과 삶의 균형은 조금 나아진 것 같다.

- **C그룹 – 성공적인 전직** : 직업 자체를 성공적으로 아예 바꾸어버린다. 조금 고민하고 고생한 후에 이전에 꿈꾸었던 정말 하고 싶었던 분야로 전직한 경우다. 대학 캠퍼스로 돌아가 연구나 강연을 하는 이들도 있고, 회사에서 배운 것을 활용해 자유롭게 컨설팅 등을 하는 사람들도 있다.

- **D그룹 – 아쉬운 전직** : 잘하는 일, 하고 싶었던 일이라는 측면에서는 만족도가 떨어지지만, 새로운 직종을 찾아내 경제활동을 다시 시작한다.

- **E그룹 – 고전과 전전긍긍** : 자영업이다 투자다 해서 나름 준비했다고는 하지만, 실상은 유망하다는 사업 아이템의 뒤꽁무니만 쫓아다닌다. 입에 근근이 풀칠은 하는 듯 보여도 여전히 고전을 면치 못하고 있다.

통계적으로 보았을 때 아무래도 대기업이나 중견기업 출신들이 시행착오의 시간을 줄일 확률이 높은 것은 사실이다. 하지만 분명한 것은 멘탈과 준비상황에 따라 A, B, C 그룹에 들어갈 확률, 즉 이전보다 더 의미 있는 커리어를 만들어 갈 가능성이 높아진다는 것이다.

정신을 중무장하고 할 수 있는 준비들을 조금씩 실행에 옮기면서, 실직 전에는 삶이 분주해서 감히 생각하지 못했던 소중한 것들을 챙기자. 정작 다시 일을 시작하면 또다시 바쁜 일상에 쫓겨 삶의 중요한 것을 잊을 수도 있다.

●
완승보다 짜릿한 역전승을 준비하며

실직의 시간이 한 달일지 6개월일지 평균점은 없다. 몸은 회사에 다니지만 마음은 조직을 떠난 '정신적 실직'을 고려한다면 그 시간은 1년 이상이 될 수도 있다. 어떤 상황이든 실직은 건강과 독서, 외국어 공부 등 자기계발에 매진할 수 있는 최적의 조건이 된다.

지금까지 내가 상담한 샐러리맨 가운데 90퍼센트 이상은 자기계발에 대한 고민이 있었다. 규칙적으로 운동하지 못하고 건강을 챙기지 못했다는 것, 자기 몸을 아무 근거도 없는 자신감으로 혹사시키고 있다는 것, 1년에 책 한 권도 제대로 읽지 못하는 자신에 대한 부끄러움과 외국어 습득에 대한 부담을 가지고 있으면서도 정작 아무것도 실천하지 못하는 것 등이 늘 화제에 올랐다. 교과서 같은 이야기일지 몰라도 지금이 이런 것들을 시도해 볼 가장 좋은 시기다. 경제적인 이유로 못할 평계를 대지 마

라. 건강만 허락한다면 비용부담을 피할 방법은 얼마든지 찾아낼 수 있다.

고 김대중 대통령은 감옥에 있을 때 영어와 독서에 대해 완전히 맥을 잡았다고 한다. 역사서 몇 권만 들쳐 봐도 임금의 눈 밖에 나 귀향살이를 했던 많은 위인들이 유배 기간을 학문을 연구하고 작품을 만들어내는 기회로 삼았음을 알 수 있다.

여기에 하나 더, 상실의 고통 속에 약자와 패자를 이해하고 도울 수 있는 마음이 생기는 것은 실직이 우리에게 주는 값진 선물이다. 힘든 상황에 처해보았기에 또 다른 상실의 고통에 있는 동료나 친구들을 위로해주고 조언해줄 수 있는 귀한 힘이 주어지는 것이다. 이런 변화를 통해 조급하기만 하던 삶을 한 걸음 떨어져 여유롭게 바라보는 마음도 생겨난다.

지난 일이긴 하지만 만일 내가 함부르크에서 쇼크를 경험하지 않았더라면 실직의 아픔을 겪고 있는 내 동료들을 가식 없이 돕는 것이 과연 가능했을까 싶다. 피상적으로 위로는 해줄 수 있을지 몰라도 경험에서 깨달은 산지식을 진심으로 전하지는 못했을 것이다. 또한 이직이나 재취업을 준비하는 사람을 자신 있게 코칭해 줄 수 있는 것도 나 스스로 이직과 재취업을 하는 과정에서 수없이 미역국을 먹어보았기에 가능한 일이다. 많은 시행착오를 통해 승리만 경험한 사람들은 결코 알 수 없는 중요한 노하우를 터득할 수 있었다. 즉, 뼈아픈 상황에 처해보면서 '일시적인' 약자와 패자를 도울 수 있는 능력을 선물받게 된 것이다.

바야흐로 스토리텔링 시대다. 많은 전문가들이 스펙을 쌓기보다는 자신만의 스토리를 만들어내라고 조언한다. 그러니 언제 잘릴지 모르는 위기에 처했어도, 설령 오늘 실직을 당했다 하더라도 상실의 고통 속에 너무 침잠하지 마라. 이 모든 것이 멋진 역전승을 위한 준비과정일 뿐이다.

'해고당했다. 실직했다. 한동안 나를 불러주는 곳이 없다. 집에서 계속 머무는 것이 눈치가 보인다. 나 때문에 가족들도 힘들고 모든 것을 잃어버린 것 같다…' 이런 무수한 생각들이 당신을 괴롭히더라도 한 가지만은 기억하자. 당신은 지금 매우 특별한 훈련코스를 밟고 있다는 것을. 늘 무풍지대에서 머물면서 별 어려움 없이 순조로운 산책로만을 즐기다 끝나는 밋밋한 인생이 아니라, 엎치락뒤치락하면서 굴곡은 있었지만 할 이야기 많은 짜릿한 '역전승', 그래서 많은 사람들이 듣고 배우고 싶어 하는 그런 스토리텔러로 거듭날 것이다. 그리고 이 시간을 통해 인생의 가장 중요한 것들을 다시 찾을 수만 있다면, 눈코뜰 새 없이 분주한 삶 속에서 계속 놓쳤던 것을 다시 찾을 수 있다면 그 것은 상실이 아니라 완전한 회복이 아닐까?

불혹에 다시 그려야만 하는
우리들의 커리어 지도

●
당신이 진정 그리고 싶은 그림은 무엇인가?

얼마 전 나는 메일 한 통을 받았다. 참고로 내게 문의한 그는 꽤
나 유명한 다국적 기업에서 나름 승승가도를 달리고 있는 사람
이었다.

'제목: 커리어 멘토링을 받고 싶습니다.

안녕하세요. 저는 한 미국계 다국적 기업에 근무하는 ○○○이라고
합니다.

14년 차 직장인이고 ○○○가 첫 직장이며, 현재가 두 번째 직장입
니다. 커리어 문제로 고민이 많던 차에 전무님의 책을 읽게 되었습
니다. 많은 도움을 얻었지만 여전히 고민이 되는 부분이 있어 한번

찾아뵙고 조언을 구하고 싶습니다. 차주 이후 가능한 시간을 2개 정도 알려주실 수 있을까요? 편하신 곳으로 제가 직접 찾아뵙겠습니다. 감사합니다.'

언뜻 절실해 보이지만 찬찬히 읽어보면 고민이 많다고만 할 뿐 메시지가 불명확하다. 회신을 주지 못했더니 몇 차례 요청을 더 해왔고 결국 잠시 짬을 내 회사 근처에서 만났다. 예상은 했지만 그의 질문에서는 본질을 잡아내기가 어려웠다.

"지금은 세일즈맨으로 일하고 있고, 회사 내에서 실적은 괜찮은데 임원 자리까지 올라가기는 힘들 것 같습니다. 여러 면에서 향후에는 마케팅을 하는 편이 나을 것 같은데 뾰족한 수가 없어요. 친구들을 보니 자기계발도 하고 몸값도 올릴 겸 대학원을 가는데 저도 대학원 진학을 고려해야 할까요?"

"대학원에 진학하는 것도 괜찮죠. 좋습니다"하고 답해주었다면 그도 만족하고 나 역시 그 자리를 쉽게 벗어날 수 있었을 것이다. 그러나 그것은 단지 일시적으로 통증을 완화하는 진통제 한 방을 주사해주는 정도일 뿐 정말 필요한 답변이 아니었다. 나는 그에게 돌직구를 던졌다.

"왜 대학원에 가려고 하는데요? 대학원 진학하면 몸값 올라가고 임원으로 승진하는 데 도움이 된다고 누가 그러던가요?"

그의 말문이 꽉 막혀버렸다. 또다시 냉정한 한 방을 날렸다.

"도대체 하고 싶은 일이 무엇인가요? 진짜 그리고 싶은 그림이 뭡니까? 왜 저한테 본인 이야기를 하지 않고 주변 사람들이 하는 말들만 전하는 거죠?"

우리는 정말이지 자기가 진정으로 그리고 싶은 그림이 무엇인지 모르면서 살아간다. 그러니 회사생활이 재미있다는 것은 기적 같은 이야기일 수밖에 없다. 인생의 거의 절반을 보내는 회사생활이 재미없으니, 당연히 인생 자체도 재미는 물론 의미를 찾을 수 없는 것이다.

자신이 진정으로 그리고 싶은 그림을 가지고 커리어를 만들어 가더라도 크고 작은 풍파 앞에 흔들리게 마련이다. 그것이 인생이다. 그러나 이겨낼 수 있다. 결국은 극복을 하고야 만다. 자신이 의미 있다고 믿고 있는 것, 하고 싶은 일에 도전하고 있다면.

하지만 이것이 내가 진정으로 원해서 그리기 시작한 그림이라는 생각이 없는 사람은 눈곱만 한 일에도 안 되는 이유, 못하는 이유를 잘도 만들어 내고, 작은 돌부리에 걸려도 쉽게 넘어진다. 인생이 재미없고 불만족스러우니 결국엔 애꿎은 자식들에게 눈길을 돌린다. 기대수준만 잔뜩 높여 아이가 원하지도 않는 곳으로 내몰면서 투자수익률도 따져보지 않고 빚까지 끌어다 사교육에 돈을 쏟아 붓기도 한다. 정작 자신은 진정으로 그리고 싶은 그림이 없으면서 자식에게는 "네 꿈이 무엇이냐, 목표가 무엇이냐?"라고 묻는다. 그리고 덧붙인다. 큰 꿈을 꾸고 좋은 친구들을 사귀라고. 본인은 꿈을 꾸기는커녕 하루하루 마지못해 살아가면서, 매일 고만고만한 사람끼리 모여 회사와 상사를 안주 삼아 술 한잔 기울이는 것을 사는 낙으로 삼으면서 말이다. 코미디도 이런 코미디가 없다.

●
커리어는 인생이다, 내면의 목소리에 먼저 귀를 기울여라

'커리어 마스터플랜을 한번 만들어보아라', '이력서라도 다시 한 번 제대로 써보아라'라는 충고는 잠시 접어두고 싶다. 그것들은 자신의 내면에서 무슨 소리가 들리는지를 경청한 다음, 이를 바탕으로 남은 수십 년 동안 진정 그리고 싶은 그림의 밑그림을 그려본 후에 만들어도 늦지 않다.

나는 전작《아버지의 커리어 다이어리》에서 수많은 샐러리맨들이 커리어에 성공하지 못하는 이유 세 가지를 밝혔다. 첫째 성공하는 샐러리맨에게는 뭔가 특별한 비책이 있을 것이라는 맹신, 둘째 성공인자를 가진 사람을 자꾸 만나기보다는 성공적인 커리어를 잘 구축하지 못하는 사람들과 더 많이 어울리는 것, 셋째 지금 현재 자신이 머문 곳에서의 포커스(초점)를 잃어버렸다는 것이 그것이다. 여기에 덧붙여 불혹 즈음의 샐러리맨들이 성공하지 못하는 이유를 하나 더 말한다면, 인생 후반기를 이끌어 줄 진정한 그림이 없다는 것이다.

그렇다. 아직 절반 이상 남은 커리어를 제대로 완성해가려면 내가 진정으로 그리고 싶은 그림이 무엇인지에 대한 정의를 내릴 수 있어야 한다. 세상에서 말하는 성공이냐 실패냐의 여부는 그 다음 단계에서 고민할 문제일 것이다. 내 안의 숨은 그림을 찾기 위해 다음의 네 가지를 기억하자.

1. 커리어는 인생이라는 무대를 벗어나서는 만들어 갈 수 없다는 명제를 확실히 기억하자.
2. 똑같이 반복하던 일상과 이전의 접근방식에서 벗어나야 한다. 그런 패턴에서 잠시 한 걸음 물러나 생각하고 새로운 시도와 도전을 해보라.
3. 내가 누구인지를 발견하라. 그리 많은 시간과 돈을 투자하지 않고도, 대단한 전문가들의 전문적인 서비스를 받지 않고도 충분히 가능하다.
4. 현재 몸담고 있는 직장에서 하고 있는 일의 의미를 다시 부여해 보라.

거듭 강조하지만 커리어는 인생이다. 이를 잊지 말자. 전 세계가 인정하듯이 우리 대한민국은 지구상에서 영어 공부에 가장 많은 시간과 돈을 투자하는 나라다. 그러나 우리 영어 실력은 이상하게도 그리 신통치가 않다. 왜 그럴까? 영어와 일상생활이 '깔끔하게' 분리되어 있기 때문이다. 특히 중년의 샐러리맨들에게 영어는 그저 수업시간에만 배우는 교과목이다.

커리어도 마찬가지다. 중년에 들어선 직장인들은 커리어를 내 삶과 분리해 생각하는 경향이 있다. 커리어를 그저 먹고사는 생계수단이라 여길 뿐 삶과 연결 짓지 않는다. 혹여 그렇지 않은 사람을 만나면 아직 세상을 모른다며 속으로 코웃음을 친다. 하지만 커리어는 결혼에 버금갈 만큼 우리 인생에서 큰 부분을 차지한다. 하지만 사회 분위기와 주변 이야기에 휩쓸리다 보니 내 커리어에 제대로 가치 부여를 하지 않고 있다.

커리어를 인생이라는 큰 무대에 제대로 '플러그-인' 시키자. 다람쥐 쳇바퀴 돌아가는 듯한 패턴에서 제발 벗어나자. 중년의 샐러리맨들을 대상으로 강연을 할 때면 나는 다음의 이야기를 종종 들려준다.

'중견기업에 재직 중인 중년의 부장이 있었는데 이 사람은 지난해부터 회사의 집요한 권고사직 압박으로 고심하다 지쳐서, 하루 날을 잡아 커리어 컨설턴트에게 상담을 받기로 했다.

그는 강남 테헤란대로의 고층 빌딩에 있는 저명한 커리어 컨설턴트와 면담을 약속했다. 고상하게 꾸며진 방에 들어서자, 기대했던 그

컨설턴트 대신에 두 개의 문만이 그를 맞이했다. 왼쪽 문에는 '커리어 로드맵이 있는 자', 오른 쪽 문에는 '커리어 로드맵이 없는 자'라는 팻말이 붙어 있었다. 왼쪽 문을 열고 들어서자 '연 1회 이상 이력서를 업데이트하는 자'와 '이력서를 업데이트하지 않는 자'로 표시된 두 개의 문이 기다리고 있었다. 그는 입사한 이래 한 번도 이력서를 업데이트해 본 적이 없었다. 다시 문을 열고 들어서니 그곳에는 '커리어 고충을 들어주는 코치나 서포터가 있는 자'와 '커리어코치나 서포터가 없는 자'로 표시된 두 개의 문이 그를 맞았다. 그는 회사 안팎에서 거의 외톨이나 다름이 없었다. 지시대로 문을 열고 들어서자 이번에는 '정기적으로 자신의 심신을 재충전하고 돌아보는 자'와 그렇지 못한 자로 구별된 두 개의 문이 맞았다. 그의 삶은 하루하루가 환경에 눌려서 다람쥐 쳇바퀴 돌아가듯 살아가는 관성의 삶이었기에 그렇지 못한 자라는 문을 열었다. 그랬더니 맨 처음 강남 테헤란대로변으로 다시 돌아와 있었다.'

위 이야기 속의 중년 부장이 다른 문들을 열지 않는 한 지루한 일상과 커리어의 위기에서 탈출할 수 없다는 것은 명백한 사실이다. 커리어 때문에 고민하는 사람들 대부분이 이 일화 속의 주인공과 다르지 않다. 다른 결과를 기대할 수 있는 유일한 방법은 다른 문을 여는 것이다. 그리고 다른 문들을 여는 열쇠는 단 하나, '내가 누구인지 아는 것'이다.

변화를 위한 첫걸음

나에 대해 아는 것은 내가 진정으로 그리고 싶은 그림을 그리기 위한 첫걸음이다. 하지만 불행히도 우리는 우리 자신에 대해 너무 모른다. 당장 이력서나 소개서를 보면 대번에 그 사실이 드러난다. 옷 하나만 보더라도 그 사람의 취향과 선호도가 드러나는데, 자신의 커리어를 대변하는 이력서와 자기소개서는 어떻게 그렇게 천편일률적으로 똑같은지 알다가도 모를 일이다.

나에 대해 제대로 알려면 비단 앉아서 생각만 해볼 게 아니라 구체적인 방법으로 움직여야 한다. 검증된 적성검사를 해보는 것도 괜찮지만 그보다는 공통의 간단한 질문지를 통해 주변의 여러 사람에게 피드백을 받아봄으로써 커리어적인 부분에서 자신을 정확히 알 수 있은 기회를 얻을 수 있을 것이다. 그것이 어려우면 한적한 자연 속으로 혼자 여행을 떠나 내면의 목소리에 귀를 기울여 보는 것도 방법이 될 수 있다.

《성공하는 사람들의 7가지 습관》으로 유명한 스티븐 코비는 이렇게 말했다.

"인간의 내면 깊은 곳에는 자기만의 무언가에 집중하고 헌신하고 싶어 하는 형언하기 어려운 열망이 존재한다."

그렇다. 사람에게는 누구에게나 열망, 스스로 원하는 그림이 있다. 다만 진지한 물음을 통해 발견하지 못했거나 현실적인 문제에 쫓겨 무의식적으로 억누르고 있었을 뿐이다.

나 자신이 어떤 일을 할 때 가장 가슴 뛰고 보람을 느끼는지를 아는 것, 다시 말해서 지친 나를 자극하는 것이 무엇인지 찾아내는 작업을 꼭 해볼 필요가 있다. 어렵더라도 그런 시도를 계속하다 보면 우리 내면은 어느 순간 분명히 어디로 가라고 말해 줄 것이다.

끝으로 지금 머물러 있는 곳을 사랑하며 영원히 머물 것처럼 일하는 적극적인 자세를 가졌으면 한다. 특히 내가 진정으로 그리고 싶은 그림이 무엇인지 감이 잡히지 않는 사람들에게는 현재 하고 있는 일을 '사랑'해보기 시작하는 것이 더 중요할 수도 있다. 다시 좋아해보고, 사랑해보고, 이 일과 회사가 좋은 이유를 백지 위에 낱낱이 적어보자. 그러다 보면 자신도 미처 깨닫지 못한 마음 깊은 곳의 열정을 찾을 수 있다.

어떤 방법을 취하든 더 늦기 전에 당신이 진정으로 그리고 싶은 그림을 찾아라. 당장 오늘 그 일을 시작하지 않는다면 당신의 커리어에는 아무런 변화도 없을 것이다. 정말이지 아무런 변화도 없을 것이다. 당신이 꿈꾸는 '쨍' 하고 해 뜨는 날은 결코 오지 않을 것이다. 그러니 지금 당장 일어서라.

2 /

갑작스러운 해고 통보란 없다

/

당신은 회사가 당신을 어떻게 생각하는지 알고 있는가? 직장인 상당수가 이 질문에 제대로 대답하지 못한다. 이렇듯 회사의 속내를 모르니 어느 날 갑자기 뒤통수를 맞는 사태가 벌어지고 만다. 불행히도 회사는 횡단보도의 신호등처럼 친절한 큐 사인을 보내주지 않는다. 따라서 평소에 회사의 시그널을 잘 알아듣고 해석할 수 있는 능력을 길러야만 한다. 즉, '촉'을 더 날카롭게 다듬을 필요가 있는 것이다.

회사는 차마 말 못하고
직원은 잘 모르는 '결별'의 메커니즘

왜 잘리는가 vs. 왜 잘리지 않는가

"능력 있어 일 잘하면 안 잘리고, 능력 없어 헤매다 밥값을 제대로 못하면 잘릴 수밖에 없다."

해고의 메커니즘을 생각할 때, 한참 모르던 철없던 시절에는 단순하게 이것만이 진리인 줄 알았다. 하지만 지천명知天命을 바라보는 나이가 되니 그간에 진리라고 믿었던 것들 가운데 사실은 그렇지 않은 것이 꽤 있다는 것을 조금씩 깨우치게 된다. 더욱이 해고 통보도 받아보고, 해고 위협도 받아보고, 무엇보다 회사를 대변하여 누군가에게 해고를 통보해야만 하는 위치에 자주 서다 보니 모르던 사실을 많이 알게 되었다.

그렇다면 누가 해고를 당하는가? 왜 나는 잘리는데 저 사람은 잘리지 않을까?

회사의 입장에서는 말해주기가 꽤 난처한 비밀 아닌 비밀. 알고 나면 단순해 보이지만 모를 땐 두려운 이 진리를 알고 있으면 폭풍우가 몰아치는 커리어 항해에서 살아남을 수 있는 여지가 더 커질 것이다.

우선, 확실한 가치value를 지니고 있으면 안전하다. 가치를 지닌 인재 즉, 회사가 필요로 하는 인재로 다른 직원이나 인위적인 소프트웨어 등의 프로그램으로 쉽게 대체할 수 없는 그 무언가를 보유하고 있으면 여간해서 잘릴 염려가 없다.

둘째, 확실한 가치를 지니고 있거나 상사와 경영층을 확실하게 매료시킨 것은 아니지만, 그렇다고 나를 딱히 대체할 만한 확실한 카드가 없다면 이 또한 회사의 입장에서는 섣부르게 자르기가 애매하다. 마음속에서는 계속 해고를 생각하고 있다고 해도 내치는 것이 생각만큼 만만치가 않다. 무조건 교체카드를 내밀었다가 잘못되면 전보다 나아지기는커녕 오히려 '기회비용'이 더 많이 들어가는 상황이 발생할 수 있기 때문이다. 이런 경우가 적지 않기 때문에 불안해 보이지만 의외로 롱런 하는 사람들이 나온다. 물론 확실한 대체카드가 없음에도 이따금씩 무조건 교체를 강행하는 경우도 있지만, 이 상황 속에 놓이게 된다면 시간을 좀 벌 수 있는 기회를 만들 수 있을 것이다.

셋째, 재고할 가치도 없고 실력도 없어 자본주의 논리에서는 벌써 정리되었어야 하지만 회사가 그래도 인간적이기에, 소위 마음씨 좋은 주인을 만났기에 아직도 월급을 받고 있는 경우가 있다.

어찌되었든 잘리지 않고 회사를 오래 다닐 수 있다는 것은 다행스럽고 행복한 일이다. 하지만 내가 쉽게 '잘리지' 않을 것이라는 메커니즘이 다 파악되었다고 해서 마냥 복지부동해서는 안 된다. 진짜 건드리지 못할 단계까지 내공을 끌어올려 놓든지, 시간을 벌면서 정말로 나와 궁합이 맞아떨어지는 다음 코스를 성실히 준비해야 한다.

그렇다면 이와 반대로 우리가 해고라는 '일시적인' 비운의 주인공이 되는 경우는 언제인가?

너무 역량이 떨어져서 매번 기대 수준을 현저히 밑도는 성과를 낸다면 나갈 수밖에 없는 것이 조직의 당연한 생리일 것이다.

그런데 실제 현실에서 이런 경우는 생각만큼 많지 않다. 이보다는 어느 정도 실력은 갖추고 있지만, 서로(회사와 직원) 너무 궁합이 맞지 않아서 자의 반 타의 반으로 작별을 고해야 하는 경우가 더 많다. 마치 한 개인으로서는 큰 문제가 없지만 성장 배경과 성격이 서로 너무 달라 결국 이혼하는 것과 같다고 할까? 사람과 사람 사이라면 서로 참고 보듬으며 기다려 줄 수 있지만, 냉정한 비즈니스 세계에서는 인간적인 '해피엔딩'을 기대할 만큼 여유가 없다.

여기에 하나 더 보태 윗자리에 오를수록 필연적으로 발생할 수밖에 없는 상황도 있다. 여러 가지 복잡한 상황 속에서 '괘씸죄'에 걸렸거나 정치적인 이해관계가 얽힌 경우, '코드 인사' 등을 이유로 직장을 떠나야만 하는 비운의 주인공이 되는 경우가 심심치 않게 발생한다.

마지막으로 최근 들어서 상시화된 케이스로 조직 전체의 건강한 혈액순환을 위해서, 경영상의 전략이나 변화 등으로 인해서 불특정 다수를 겨냥한 구조조정 등을 들 수 있다.

이런저런 경우의 수를 통해서 보았듯 오늘날의 직장에서는 능력이 뛰어나다고 해서 안전을 보장받지 못한다. 오히려 하루가 다르게 변하는 직장의 생리구조를 빠르고 정확하게 감지해 내는 것이 도움이 된다. 회사가 보호하려는 사람들은 대개 어디에 덫이 있고 어떻게 그것을 피해갈지 잘 안다. 반대로 자기가 어디에 있는지조차 모르다가 헛다리를 짚는 사람들은 결국 회사를 떠나고 만다.

●
해고는 소리 없이 찾아오지 않는다

한번 생각해보자. 당신은 회사가 당신을 어떻게 생각하는지 알고 있는가? 직장인 상당수가 이 질문에 제대로 답변을 내리지 못한다. 회사의 속내를 정확히 모르기 때문에 어느 날 갑자기 뒤통수를 맞는 사태를 맞는 것이다.

논란의 소지를 불러일으킬 수도 있는 질문 하나를 다시 던져보겠다. 정말 해고란 예고 없이 찾아오는 것일까? 이 부분에 있어 해고를 통보하는 자와 해고 통보를 당하는 자, 이 양자는 입장 차가 확연하다. 그래서 '이별'을 둘러싸고 벌어진 그간의 여러 궤적이나 주고받은 대화 내용에 대해 서로 극명하게 다른 해석을 내놓게 되는 경우가 다반사다.

해고 통보를 당하는 자는 항변한다. "정말 너무한다. 언질이라도 좀 주면 어디가 덧난다고 이렇게 일방적으로 갑자기 나가라는 통보를 한단 말인가!"라고.

하지만 해고 통보를 하는 자도 할 말은 있다. 분명히 심각한 경고 메시지를 전했다는 것이다. "회사는 참을 만큼 참았다. 그 정도 기회를 주었으면 충분하지 않은가? 분명히 여러 차례 힌트를 주고 시그널도 보냈다. 그럼에도 불구하고 지금 그 상태에서 머물고 있으니 이별은 시간문제일 뿐이다"라고 단언한다.

이 시점에서 잘잘못을 가리는 것은 의미 없는 논쟁일 것이다. 다만 문제 해결을 위한 교통정리를 해볼 필요는 있다. 분명한 사실은 회사 입장에서는 분명히 예고를 했다는 것이고(물론 예외적인 경우도 있지만), 직원 당사자의 입장에서는 그런 적이 없다는 것이다.

그런데 사안을 좀 더 면밀히 들여다보면 숨은 진실 하나가 추가된다. 회사가 내보낸 '사인sign'을 직원이 잘못 해석했을 수도 있다는 것이다. 야구게임으로 비유하자면 감독은 타석에 들어선 타자에게 희생 번트를 대라고 지시했는데, 타자는 이를 잘못 알아듣고 무리하게 공격하다가 병살타를 때린 격이라고 할까. 직원을 향해 "이대로 가다가는 당신과의 관계를 곧 접을 수밖에 없다"라고 예고편을 보냈는데 당사자는 이를 정확하게 감지해내지 못한 것이다(아니면 감지했음에도 불구하고 그 사인이 이별을 위한 예고편이 아니라고 애써 외면했는지도 모른다).

보통의 일반적인 대화라면 알아듣지 못한 사람 못지않게 상대방의 입장과 눈높이를 고려하지 않고 메시지를 전한 화자話者 역시 책임이 있다. 그러나 '해고'라는 사안에서만큼은 반드시 그렇지 않을 수도 있다는 것을 기억해야만 한다. 회사는 횡단보도에 있는 신호등처럼 친절한 큐 사인을 보내주지 않는다. 따라서 평소에 회사의 시그널을 잘 알아듣고 제대로 해석할 수 있는 능력을 길러야 한다. 어차피 우리는 회사에 고용되어 일하는 존재다. 인정하고 싶지 않겠지만 회사에 들어가는 순간 회사는 나의 가장 큰 고객이고 나의 생계를 책임지는 수단이 되어버린다. 그러니 우선은 촉觸을 좀 더 날카롭게 다듬을 필요가 있다.

●
작은 사인을 놓치지 마라

어두운 밤 골목길을 홀로 걷고 있다. 앞을 보니 저 앞에서 검은 색 옷을 입고 모자를 깊이 눌러쓴 괴한처럼 보이는 한 남자가 성큼성큼 내게 다가온다. 한 손에는 흉기 같은 것을 움켜쥐고 있다. 그것을 치켜들고 곧 공격할 자세로 더 속도를 내며 내게 돌진하기 시작한다. 정상적인 사람이라면 이런 상황에서 소리를 질러 구원 요청을 하거나 죽을힘을 다해 도망치거나 그도 아니면 최소한의 방어라도 하기 위해 돌멩이라도 집어들 것이다.

만약 해고라는 것이 이렇게 찾아온다면 우리는 서둘러 대응할 준비를 하고, 마음가짐 자체를 달리 먹을 것이다. 하지만 해고는 전혀 그런 모습으로 찾아오지 않는다. 사인은 분명하지만 그것이 보일 듯 말 듯해서 제대로 대응하기 어렵다. 비유하자면 복잡한 길을 지나가다 행인과 살짝 부딪치거나 옷깃을 스치는 정도랄까? 시작은 서로 약간 불쾌한 듯 얼굴 한번 쳐다보는 정도의 강도다. 피부로 느껴질 만큼의 고통이나 충격도 없고 공포심 따위는 느끼지도 못한다.

다만 이전에는 거의 없던 사소한 그 무언가가 차츰 일터에서 생긴다. 가장 먼저 생각해볼 수 있는 것은 상사의 태도다. 상사로부터 같은 메시지가 반복되는 것이다. 나는 별로 중요하게 생각하지 않는 사안에 대해 상사가 계속 되풀이해 지적한다면 첫 번째 신호라 할 수 있다. 상사 입장에서는 반드시 개선되어야 할 일인데도 본인은 괜한 시비나 잔소리로 받아들이는 오류를 종종 범한다.

이 상황이 계속되다 보면 이전보다 통제가 잦아진다. 전에 없이 비용문제를 꼼꼼히 체크하거나, 외부교육이나 미팅 등으로 자리를 비울 때도 일일이 출입체크를 하는 등으로 말이다. 직원 입장에서는 이것이 이성적이라기보다 왠지 감정적으로 나를 대하는 것처럼 보이겠지만 이 정도가 되면 내 회사생활 전반을 돌이켜 볼 필요가 있다.

만일 어느 순간 잔소리와 간섭이 '뚝' 끊어지거나 내게 들어오는 정보의 양이 점점 줄어들고 있음이 피부로 느껴진다면 이는 레드카드로 받아들일 만한 사안이다. 오래전에 잠시 함께 일했던 후배가 이런 하소연을 한 적이 있다.

"처음에는 썩 뛰어난 결과를 만들어 내지 못해도 위에서 임무도 자꾸 내려 주고 기회도 주고 더 잘하라고 매서운 질책도 하는 것 같았는데, 이제는 실수를 해도 그렇게 따끔하게 몰아붙이지 않아요. 결국은 실수할 만큼 애매하고 위험한 일은 아예 하지 않게 되더라고요."

그렇게 되기까지 구체적으로 무슨 일이 있었는지는 듣지 못했지만 얼마 지나지 않아 그 친구가 회사를 떠났다는 안타까운 소식을 접했다.

몇 가지 예를 들긴 했지만 성공의 징후, 실패의 징후를 포착한다는 것은 쉽지 않다. 나를 둘러싼 여러 상황을 '나의 직업 입지'라는 측면에서 해석하기도 참 어렵다. 독심술이라도 익혀서 회사와 보스의 속마음을 꿰뚫어 볼 수만 있다면 얼마나 좋을까마는 현실적으로 불가능하다. 그럼에도 불구하고 영원한 비밀은 없다고 결국 우리를 '아웃'시키고 싶은 회사의 마음은 어떤 형태로든 곧 드러나게 되어 있다. 그렇기에 더욱 안테나를 세우고 싫든 좋든 회사와 주파수를 맞출 수 있어야 한다. 극적인 반전을 위해서, 그리고 또 다른 의욕적인 출발을 위해서 말이다.

●
마지막이라고 느꼈을 때 해야 할 일

우리 중에 어떤 이는 결국은 그 안테나로 이를 감지하게 될 것이고, 또 누군가는 이조차 감지 못해 종국에는 회사로부터 방을 빼달라는 요청을 받게 될 것이다. 감지를 했다면 서둘러 '부활'을 시도해보고, 감지를 못한 채 최종통보를 받았더라도 실낱같은 부활의 가능성을 머릿속에 그려보고, 떠날 때 떠나더라도 할 수 있는 마지막 최선의 몸부림을 다해볼 것을 강권한다.

추한 모습을 보이라는 것은 절대 아니다. 자존심 다 구기고 제발 계속 일을 할 수 있게 해달라고 구걸하라는 소리도 아니다.

그렇다고 어설프게 상황을 한 방에 역전시키려고 라인을 대고 소질도 없는 사내정치를 하라는 이야기는 더더욱 아니다.

까마득한 30대 시절, 아직 혈기왕성했던 나는 회사의 해고 사인에 '욱' 하는 심정으로 내 발로 조직을 떠날 생각을 한 적이 있다. 깊이 생각해보지도 않고 "그래. 잘 먹고 잘 살아라!" 하는 마음으로 바로 회사 밖에서 새로운 일을 찾기 시작했다. 운이 좋았던지 얼마 후 괜찮은 회사로부터 러브콜을 받았고, 일은 일사천리로 진행되어 계약서에 사인하는 절차만 남았다. 그런데 갑자기 왜 그랬는지는 모르지만, '이대로 힘 한번 제대로 쓰지 못하고 물러날 수 없다'는 생각이 불현듯 들었다. 그래서 마음을 고쳐먹고 다시 최선을 다해보겠다고 결정을 되돌렸다. 이후 사내의 주요 이해 당사자들과 정면돌파를 해가면서 일을 해나갔고, 내가 못하고 자신 없는 분야보다는 강점을 극대화시킬 수 있는 부분을 공략해가면서 다양한 임직원들과 새로운 신뢰관계를 쌓기 시작했다. 그로부터 2년 후, 나는 많은 벗들의 박수와 아쉬움을 뒤로 하고 새로운 도전을 위해 내게 정말 잠시지만 혹독한 아픔과 혼란을 주었던 그 회사를 멋지게 떠났다. 그리고 떠날 결심을 굳혔다가 다시 돌아와 최선을 다했던 그 시간들을 통해 내 의지대로 움직일 수 없는 회사의 매커니즘을 깨닫는 한편, 꼼짝달싹할 수 없을 것 같은 상황 속에서도 무언가 시도해보는 것이 충분히 가치가 있다는 것을 알게 되었다.

책임 있고 공정한 인사를 단행하는 기업으로서 회사의 역할은 분명히 존재한다. 따라서 회사 역시 개인 못지않게 노력하고 애써야 하지만, 해고라는 불길한 그림자가 드리울 때 그 일시적인 비극의 주인공이 된 우리는 '회사의 책임과 몫'이라는 주제에 목을 매서는 안 된다.

그보다는 내가 통제할 수 있는 부분, 즉 나 스스로를 먼저 추스르고 어떻게 마지막까지 흔들리지 않는 모습으로 지금 여기 이곳에서의 부활을 가능하게 할 수 있을지에 대한 고민을 먼저 할 수 있어야 한다. 또한 잘릴 때 잘리더라도 어떻게 잘릴 것인가, 어떻게 또 다른 출발을 잘 준비할 것인가에 집중할 수 있어야 한다.

왜 누구는 멀쩡한데 나는 해고의 위협에 처할 수밖에 없는지를 이해할 필요도 있지만 이런 일로 인해 자책하거나 주저앉을 필요는 절대 없다. 정상적으로 하나 둘씩 게임을 풀어가다 보면 우리는 또 어떻게 해서든지 나에게 맞는 커리어의 길을 찾아 갈 수 있는 사람들이기 때문이다.

인사부 X-파일에 관한
진실

●
연극은 시작되었고 당신은 지금 무대 위에 있다

지금은 폐지되었지만 내 학창시절엔 모 방송국에서 1년에 한
번 개최했던 '대학가요제'라는 프로그램이 꽤 인기가 있었다.
역대 수상곡 중 지금까지도 내가 즐겨 듣는 노래가 1980년에
은상을 수상한 〈연극이 끝나고 난 뒤〉인데, 가사 중 몇 마디가
유독 마음에 남는다.

연극이 끝나고 난 뒤 혼자서 객석에 앉아
조명이 꺼진 무대를 본 적이 있나요.
음악소리도 분주히 돌아가는 세트도
이제 다 멈춘 채 무대 위엔 정적만이 남아있죠.

어둠만이 흐르고 있죠.

배우는 무대 옷을 입고 노래하며 춤추고

불빛은 네온을 따라서 바삐 돌아가지만

끝나면 모두들 떠나버리고 무대 위엔

정적만이 남아있죠. 고독만이 흐르고 있죠.

관객은 열띤 연기를 보고 때로 울고 웃으며

자신이 주인공이 된 듯 착각도 하지만 (후략)

연극 공연은 객석의 불이 꺼짐과 동시에 시작된다. 무대 위의 배우들은 객석에 앉아있는 관객들을 볼 수가 없다. 하지만 어둠 속에 앉아있는 관객들은 배우의 대사 하나, 동작 하나조차도 놓치지 않으려고 애를 쓴다. 진정한 골수 연극 팬이라면 더욱 그렇다.

회사라는 조직에서도 이와 비슷한 상황이 연출된다. 인사부 직원들은 골수 연극 팬 같고, 다른 직원들은 무대 위에서 연기하는 배우 같다. 인사부 소속원들은 가능한 한 최선을 다해 무대 위에서 연기하는 '직원'의 동작 하나하나에 집중한다. 때로는 그 직원의 열띤 연기에 손뼉을 치기도 하고, 어쩌다 역할에 집중하지 않는 함량 미달의 직원을 보면 안타까워하거나 보이지 않는 곳에서 욕설을 내뱉기도 한다.

이 말을 꼭 하고 싶었다. "이미 연극은 시작되었고, 당신은 무대 위에 있다." 당신은 제대로 인식 못하고 있을지라도 인사부와 경영진을 포함한 다른 모든 사람들이 무대 위에 서 있는 당신을 지켜보고 있다. 그것도 현미경을 들여다보듯 집중하며 지켜보고 있다는 것을 잊지 말았으면 좋겠다. 특히 당신이 아직 회사에서 안정적인 신뢰관계가 형성되어 있지 않은 상태라면, 또 여러 이유로 커리어 위기에 있거나 새롭게 자리를 옮겼다면, 혹은 스캔들에 연루되어 있다면 더욱 그렇다.

그렇다고 겁먹을 필요는 없다. 원칙과 철학을 잊지 않고 본분을 망각하지 않으면 아무런 문제가 되지 않는다. 마치 자기를 잘 관리하고 많은 연습을 한 후 무대에 오른 배우가 관객 앞에서 떳떳할 수 있는 것처럼 말이다.

사람들은 이따금 내게 묻는다. '인사부 X-파일' 같은 것이 있느냐고. 증권가에는 속칭 '찌라시'라 불리는 연예인 X-파일이 있다지만 적어도 내가 근무한 회사에서는 누군가의 비밀스러운 행적을 담은 X-파일 따위는 없었다. 혹시라도 이런 것을 만들어서 블랙리스트처럼 관리하는 사람들이 있을 수는 있겠다는 생각을 한 적은 있지만 말이다.

그러나 이것 하나는 확실하다. X-파일 같은 것은 없지만 인사부나 경영진에서는 적어도 어떤 공통의 상식적인 기준을 가지고 임직원들을 관찰한다는 것이다. 그런 면에서 보자면 눈에 보이는 X-파일은 없어도 보이지는 않지만 직원을 판단할 때 기준이 되는 무형의 X-파일은 있는 셈이다.

하지만 '공통의 상식적인 기준'이라는 표현에 주목해주었으면 좋겠다. 즉, 그 잣대가 특별하지 않다는 이야기다. 웬만큼 고등교육을 받은 사람이라면 상식선에서 충분히 이해할 수 있는 기준이다. 문제는 지금 이 순간에도 수많은 임직원들이 이 상식적인 기준을 무시해서 '찍히고', 또 커리어의 위기에 몰리는 것을 넘어서 정들었던 회사를 떠나는 일이 허다하게 벌어지고 있다는 점이다. 참으로 이상하지 않은가?

혈기만 내세웠던 청년 시절을 넘어 중년으로 접어들었다면 이제는 깨우칠 수 있어야 한다. 사람들이 궁금해 하는 인사부 X-파일이라는 것의 비밀을.

● 아무도 이야기해주지 않는 X-파일

회사는 알려주지 않지만 그 기준Norms을 모르고 경솔하게 행동했다가는 심각한 커리어 위기에 처할 수도 있는 X-파일들에는 과연 어떤 것들이 있을까? 기업문화에 따라 다소 편차는 있겠지만 나를 포함해서 소위 베테랑 인사 실무자들의 인내의 한계점을 건드려 결국은 불운의 불씨를 만들어 버리는 임직원들의 철없는 행동거지를 몇 가지 소개해 보겠다.

- **도덕적인 문제, 즉 정직과 성실에 결함이 있다** : 다른 그 어떤 약점보다도 문자 그대로 치명적이다. 특히 당신이 선진기업에 몸담고 있고 중년으로 접어들고 있다면 이는 도무지 대책이 서지 않는 최악의 난국이다.

- **금전적으로 깨끗하지 못하다** : 회사 돈을 자기 돈처럼 여긴 나머지 회사 법인카드로 가족들의 외식과 자동차 주유비 등을 처리하거나, 직원들과 금전 거래를 하면서 뒷마무리가 깔끔하지 않은 경우를 종종 본다. 그런데 아직 아무 경고도 받지 않았다면? 회사가 알면서 그냥 잠시 눈감고 있는 경우가 거의 대부분일 것이다. 경영진의 머리에 총알이 박히지 않는 이상 이런 일을 습관적으로 행하는 자를 요직에 임명하는 일은 없다.

- **정치적인 라인을 형성한다** : 일시적으로는 잠깐의 부귀영화는 누릴 수 있을지 모르지만 종말은 비참하다. 더욱 심각한 것은 회사를 떠난 후에도 '정치하는 사람'이라는 낙인이 시장 어디를 가든 꼬리표처럼 따라다닌다는 것이다.

- **회사와 주위 직원들이 오로지 자기에게 맞춰주기를 바란다** : 이것이 무슨 도덕적으로 문제가 되겠는가? 하나 어떤 조직을 가더라도 환영받지 못하는 타입이며, 애매한 순간에 인사 조치를 해야 할 대상자 리스트에 올라갈 확률이 높다.

- **근무시간에 딴짓을 한다** : 투명인간처럼 멍하니 있거나, 습관적

으로 자리를 많이 비우거나, 업무에 집중하지 않고 잡담이나 사내 연애나 하러 다니는 행동을 일삼는 경우다. 근무시간에 외부 강연을 습관적으로 다니면서 부수입을 챙기는데 재미 붙인 경우도 예외는 아니다. 단언하건대 회사는 이런 유의 '부적절'한 행동을 잡아내는 데 거의 귀신 수준이다. 그런데도 당신이 여전히 무사하다면 회사가 그 근거를 차곡차곡 기록만 하고 있을 가능성이 높다. 당신이 점점 정신 못 차리고 까불 때 한 방의 KO 펀치를 날리고 싶어 힘을 비축하고 있는지도 모르겠다.

■ **친구 같은 보스, 언제라도 평등하게 논쟁할 수 있는 보스를 원한다** : 아마 당신은 영화와 소설을 너무 많이 봤는지도 모르겠다. 현실세계에는 거의 없는 이야기라고 보면 틀림없다. 어쨌든 '보스는 보스다 Boss is Boss.'

■ **근태가 불량하다** : 대한민국 사회는 물론 전 세계 어디를 가더라도 변명의 여지가 없다.

■ **경력은 쌓여가는데 업무 영역이 전혀 넓어지지 않는다** : 회사의 핵심 인재나 MVP가 되고 싶다면 기꺼이 일을 더 맡을 각오가 되어있어야 한다. 이런 자는 적극적인 리더십을 발휘하지 못하고 자기의 안전망만 치는 사람으로 관찰 대상이 될 수 있다.

■ **지나친 자신감과 착각에 빠져 있다** : 회사 사람들(부하직원이나 동

료, 상사)은 인정하지 않고 시장에서도 전혀 주목 받지 못하는 것 같은데, 입만 열면 자기가 전무가요 실력 있다고 떠벌리면서 진짜 '맞짱'은 뜨지 않으려는 사람. 이런 사람은 임자 한번 제대로 만나면 잘리거나 스스로 조용히 회사를 떠나는 것은 시간문제다.

■ **돌다리를 너무 많이 두드려서 결국엔 깨뜨린다** : 도무지 모험이나 위험 감수 등을 할 각오를 하지 않는 사람이다. 이런 사람에게는 단순하고 반복적인 업무 외에는 시킬 일이 별로 없다. 이제 그 일마저 인턴이나 아르바이트생에게 넘겨주는 것이 청년실업 해소를 위해 바람직하지 않을까?

■ **뒷담화를 좋아한다** : 사실 이런 경우 똑똑한 베테랑 인사 전문가들은 무시하고 그냥 내버려둘 때가 많다. 대개 제 풀에 지치게 마련이고, 이런 사람들은 직원들 사이에서조차 왕따를 당하기 때문이다.

■ **실력으로 능력을 증명하기 전에 조건, 돈 등을 먼저 따진다** : 모든 협상은 실력이 우선이다. 곧 한계를 맞게 될 것이다.

■ **법적인 권리는 당연하게 여기면서 동료나 상사의 입장은 전혀 고려하지 않는다** : '건강상의 이유로 퇴사를 하겠다고 구두로 통보를 했다. 사직서를 곧 낼 것이라 예상했던 즈음에 돌연 육아휴직을 1년간 사용하겠다고 요청했다. 벌써 세 번째 휴직 신청이다. 장기휴직을 떠나면서 짧게 '문자메시지'로 다녀오

겠다고 몇 글자를 남겼다. 그후 내내 지인들을 통해서 회사에 돌아가고 싶은 생각이 없다는 심경이 전해졌다. 그래서였을까? 내게는 단 한 번의 안부를 묻는 전화나 이메일, 아니 문자메시지조차도 없었다. 그간 많은 직원들이 그녀의 업무를 분담해 업무에 펑크가 나지 않도록 했다. 1년이 거의 다 될 무렵, 지방출장을 다녀와 보니 책상 위에 작은 차^{Tea} 선물 세트 하나와 메모지가 놓여있었다. 그간 연락 못 드려 죄송하다는 짧은 메시지. 그날 그녀는 몇몇 직원을 만나 복직의 설렘을 이야기했다고 한다.'

이런 경우 국가에서 보장하는 권리인 만큼 법적으로 문제될 것은 없다. 하지만 노동자들의 천국이라고 하는 유럽에서도 이런 직원은 없다. 권리도 중요하지만 최소한의 소속감과 책임감은 갖춰야 한다.

■ **잊을 만하면 함부로 '칼'을 뽑는다** : 시장에서 인정받는 전문가도 아니어서 오라는 데도 없는데, 조금만 회사에 불만이 생기고 업무적으로 실력이 부치면 그만두겠다고 사직서 쓰거나, 동네방네 돌아다니면서 곧 떠날 것이라고 입방정을 하고 다닌다. 대표적인 '양치기 소년' 유형으로 언젠가는 스스로 쳐놓은 덫에 걸려 눈물을 흘리며 후회할 것이다.

■ **유부남과 유부녀가 이상하리만치 늘 붙어다닌다** : 식사며 야근이며 커피 한 잔은 물론 지나치게 많은 업무 미팅까지, 누가 봐

도 정상적인 수준이 아니라고 고개를 갸웃하는데 정작 본
인들은 건전한 동료 관계라고 오히려 역정을 낸다. 결국은
사고가 나게 되어있다.

- **중간 리더인데 상사 앞에서 부하직원을 자주 욕한다** : 빈도가 잦아
  지면 스스로 능력 없고 리더십 없음을 인정하는 꼴밖에 안
  된다.

- **직장 친구가 너무 많고 그들이 영원한 친구라고 과신한다** : 통계적으
  로 많이 이야기되고 있다. 직장 친구가 밀고자인 경우가 많
  다고. 잘못하면 스스로의 입지를 좁게 만들 수 있다.

읽어보면 별것 아니지만 알면서도 속수무책으로 당하는 우
리들의 자화상이 안타까울 뿐이다. 오래전에 한 미국 회사를 다
닐 때, 인사부에서 IT부서의 협조를 받아 근무시간에 다른 직장
알아보려고 외부로 이력서를 돌리는 직원들의 현황을 주간 단
위로 체크했던 적이 있다. 그 회사는 굴지의 전자상거래 회사였
는데 시장의 후발주자들이 제법 그럴듯한 조건으로 자꾸 직원
들을 건드리다 보니, 일부 심약한 직원들이 '혹' 해서 그런 일을
범하곤 했다. 대한민국은 엄연히 직업 선택의 자유가 있기 때문
에 직원들의 이직을 막을 수도 없고 막을 권한도 없다. 그러나
재취업이라는 개인적인 일들이 근무시간에, 그것도 회사의 컴
퓨터를 이용해서 진행되고 있다는 것은 도덕적인 해이 여부를

떠나서 프로답지 못한 행동이라고밖에 말할 수 없다.

가끔 배우들의 인터뷰 기사를 볼 때가 있다. 그들은 한결같이 혼신의 힘을 다해 성공적으로 연극 공연을 마치고 난 후 갑자기 허탈감이 밀려온다고 말한다. 언젠가는 우리도 커리어라는 연극을 끝낸 뒤 조용히 객석에 앉아 조명이 꺼진 무대를 바라보면서 지난 커리어의 발자취를 회상할 날이 올 것이다. 그때 아름다운 회상만을 할 수 있었으면 좋겠다. X-파일이라는 견제구에 협살당한 비운의 주인공이 된다는 것은 너무 슬프지 않은가!

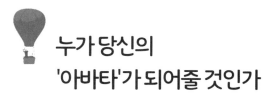

누가 당신의
'아바타'가 되어줄 것인가

●
혈혈단신으로는 생존하기 어렵다

지금 몸담은 회사 안에서 절체절명의 커리어 위기에 빠져 있다
고 가정해보자. 이미 1차 해고 통보를 받았거나 회사의 공식적
인 메시지가 목전에 있는 그런 상황 말이다. 그런 순간에 조금이
라도 나를 대신해 회사에 내 입장을 대변해주고 진심 어린 말 한
마디라도 해주는 사람이 있다면 어떻겠는가? 그가 진정으로 기
꺼이 돕고자 한다면 어떤 기분이 들까? 눈물이 나도록 고마울
까? 평생의 은인으로 잊지 않고 귀한 인연을 간직하고 살아갈
수 있을까?

　하지만 사람은 상식을 벗어날 만큼 자기중심적이기에, 서운
함은 죽을 때까지 기억하면서도 은혜는 금세 잊는다. 이런 말을

하는 나 역시 떳떳하다고 말할 자격이 없다.

위기에 빠진 그들만의 리그에는 혼자서도 잘할 수 있다고, "이래 봬도 난 전문가다"라며 자존심만 세우는 루저들로 넘친다. 그들에게는 한 지붕 아래 함께한 사람, 특히 내 숨은 가치를 찾아내 이야기해줄 수 있는 사람은 별로 중요하지 않다. 그보다는 당장 일을 시작할 수 있는 새로운 직장과 회사와 '대차게 맞붙어서' 얻어낸 두둑한 지갑이 더 중요하다.

하지만 내가 만난 성공하는 비즈니스맨들은 다르다. 그들은 한결같이 "나는 참 운이 좋은 사람"이라고 말하며 몇 푼의 돈보다 사람과의 인연을 더 중시한다. 그 인연이 쌓이는 과정에서, 새로운 기회를 모색하는 자신에게 기대하지도 않았던 도움의 손길을 내밀어 줄 '아바타' 같은 존재가 나타난다는 것을 경험을 통해 알기 때문이다.

가만히 생각을 해보면 내게도 그런 은인들이 분명히 있었다. 그들은 사방이 막혀 한 걸음도 나아갈 수 없을 것 같던 그 순간에 나를 대변해주었고, 결정적인 칼날이 나를 정조준하고 있을 때 상대방에게 그 칼을 거두라는 말 한마디를 던지며 나를 위해 거부권을 행사해주었다.

후회스러운 것은 당시에는 정중한 감사의 인사조차 제대로 전하지 못했다는 것이다. 그 뒤 산전수전을 겪고 난 뒤 과거를 회상하니 "나는 참 운이 좋은 놈이었다"라는 말이 절로 나온다.

그런데 여기서 한 가지 짚고 넘어갈 것이 있다. 커리어가 위기에 봉착한 시점에서 아바타 같은 존재는 게임을 완전히 뒤짚어 조직에서 '팽' 당하지 않기 위한 수단이 되어서는 안 된다는 점이다. 그렇게 된다면 감사하겠지만, 그런 결과를 의도하지는 마라. 바람직한 결과는 '덤'으로 주어지는 것이다. 다만 인연을 만들려고 노력하는 과정을 통해서 강력한 노하우를 얻을 수 있다.

첫째, 조직 내에서 대화를 나누면서 조금이라도 의지할 수 있는 사람이 주변에 단 한 명이라도 있다는 것은 고통을 덜어주는 것은 물론 조금 더 담담한 마음을 갖게 할 것이다.

둘째, 정말 운 좋게 그 아바타의 도움으로 재기할 수 있는 기회를 얻게 된다면, 그 이후 조직에서의 내 커리어가 문자 그대로 재도약할 수 있는 가능성이 더 커질 것이다.

셋째, 회사를 떠나야만 하는 상황이 되더라도 이별은 한결 더 아름다울 것이며 외부에서의 재기에 성공할 가능성이 높아질 것이다. 왜냐하면 이 과정을 통해 나 자신을 진실되게 표현하는 법과 이해관계를 초월한 인간관계의 중요성에 대해 눈뜨게 되기 때문이다.

누가 나를 위해 거부권을 행사해줄 것인가

인생을 살다 보면 전혀 예기치 않은 곳에서 은인이 나타나 도와주는 일이 종종 생긴다. 그런데 그런 일들은 스쳐 지나가는 만남이나 사소한 대화 등에서 비롯되는 경우가 허다하다. 그러나 많은 사람들이 생각만큼 그 짧은 만남을 소중히 여기지 않는다. 늘 시간을 함께 보내며 동고동락하는 끈끈한 관계의 사람들에게만 시선을 둔 나머지 새로운 우군을 만들어내는 데는 소홀하다. 이런 점들은 여러 논문이나 저서에서 이미 여러 차례 부각되었다. 그중 한스컨설팅 대표 한근태 박사가《일생에 한번은 고수를 만나라》라는 책에서 한 말을 인용하고 싶다.

결정적인 도움을 받았던 기억을 떠올려 보라. 그게 누구였나? 아주 친한 사람이었나, 아니면 겨우 얼굴이나 아는 사람이었나? 여러분은 강한 인맥과 약한 인맥 중 어느 것이 도움이 된다고 생각하는가? 보통은 가족이나 친척, 친한 동료나 동창 등을 떠올린다. 근데 사실은 그렇지 않다. 약한 인맥이 의외로 좋은 기회를 가져온다. (중략) 하지만 느슨한 인맥은 다르다. 많은 것이 다르고 노는 물이 다르다. 그는 나를 객관적으로 볼 가능성이 높다.

지금 커리어의 위기에 봉착한 당신을 회사 내에서 비교적 객관적으로 바라 볼 수 있는 사람은 누구인가? 그가 리더 그룹에 속했다면 더 좋을 것이다. 또한 그런 리더들과의 연결고리가 있는 사람도 도움을 줄 수 있다. 조직문화에 따라 차이는 있지만, 대부분 커리어의 위기는 직속 상사와의 관계에서 비롯된 경우가 많다. 특히 중년의 커리어에서는 더욱 그렇다. 만약 당신이 전 부서의 사람들과 불협화음을 일으키는 사람이고, 회사 안의 어느 팀에서라도 더 이상의 가능성이 없는 사람이라면 이 이야기는 효력을 발휘하지 못할 수도 있다. 하지만 그것이 아니라면 한 번쯤 당신의 우군이 되어줄 사람, 결정적인 순간에 당신을 위해 거부권을 행사해줄 숨어있는 은인을 찾아봄 직하다. 그 사람은 다른 사업부의 팀장일 수도 있고, 고위 임원일 수도 있으며, 대표이사 혹은 신뢰받고 있는 비서일 수도 있다. 그들은 결정적인 순간에 당신의 직속 상사에게 당신을 대변해줄 것이다.

그들에게 당신의 가치를 진솔하고 객관적으로 전달하면서 명예를 회복할 수 있는 기회를 정중하게 요청해보기를 바란다. 나로 인해 회사가 얻을 수 있는 이점을 객관적인 데이터에 근거해 논리적으로 전달해보는 것이다. 설령 그것이 성사되지 않더라도 밑지거나 잃을 것은 없다. 다만 이때 몇 가지 유념해야 할 것들이 있다.

■ 절대 이 기회를 놓쳐서는 안 된다는 심정으로 매달릴 생각

은 하지 마라. 그 순간 상대방은 당신의 수를 다 읽고 그에 따라 대응한다.

- '열심히 할 수 있습니다', '잘할 수 있습니다', '기회를 한 번만 더 주면 실망시키지 않겠습니다' 등의 말로 설득시키려 들지 마라. 당신을 재신임했을 때 회사가 얻게 될 가치를 객관적으로 풀어내야 한다.

- 이 기회에만 올인하지 마라. 스스로 급격한 모드 전환을 시도하기보다 기본적인 임무에 충실하는 자세를 취하는 것이 신뢰를 준다.

- 긍정적이고 선한 면을 어떤 식으로든 드러내되, 마지막 순간까지 포기하지 마라. 계산 없이 진실되게 상담해본 뒤 아니라고 판단되면 그때 마음을 비워도 늦지 않다.

- 어설프게 '스리 쿠션'을 치지 마라. 어설픈 로비를 하다가 상황을 더 악화시키고 의사 결정권자로 하여금 결심을 굳히게 만드는 사람을 수도 없이 목격했다. 세월이 아무리 흘러도 정직과 성실을 넘어설 무기는 없다.

- 정치적인 역학관계 때문에 당신을 아군으로 끌어들이려는 사람도 있을 수 있다. 그것도 나쁘지는 않다. 그러나 그렇다고 복잡한 사내 정치판에 들어서는 것은 좋지 않다. 진정한 프로로서 본연의 업무에 충실하라.

- 설령 결국에 떠나게 될지라도 '이제 이들과는 얼굴 볼 일이

없겠지' 하는 마음으로 돌아서서는 안 된다. 강을 건넜다고 다리를 없애버리는 오류를 범하진 말자.

생각해보면 내가 전혀 기대하지 않은 그 누구로부터 도움을 받은 것처럼, 나 역시 누군가를 위해 거부권을 행사해 준 적이 있었다. 하지만 중요한 것은 코너에 몰렸을 때 움직이기보다는 평소에 자신의 건전한 모습을 꾸준히 표현하여 우군을 만드는 일이다. 위기 상황에서 은인의 도움을 받는 것은 정말 이별해야 할 순간에 딱 한 번 정도 시도해 볼 수 있는 카드로 생각해주었으면 한다.

불혹 이후의 유혹이
더 치명적이다

쳐놓은 덫을 조심하라

정상적인 리더라면 늘 사람과 조직에 대한 고민을 하게 마련이
다. 현재 누가 좋은 성과를 내고 있고, 누가 고전을 하고 있으며,
누가 팀 분위기에 적응 못하고 분란을 일으키고 있는지, 그리고
어떻게 하면 팀을 좀 더 완전한 팀워크와 한 단계 높은 효율성을
갖추게 할 것인가 등을.

아마도 어느 수요일 퇴근시간 직전이었던 것으로 기억한다.
우리 팀의 중견 매니저인 Y차장을 내 방으로 호출했던 것이. 그
당시 Y차장은 어떻게 손 써볼 도리가 없는 애매한 직원이었다.
업무 경험이나 전임자가 평가한 성과 등은 나쁘지 않았으나 조
직을 위한 진정한 헌신, 동료들과의 유대관계, 팀원 관리, 무엇

보다도 진실된 마음으로 일하는가 하는 문제에 있어서는 강한 의문이 들었다.

사실 내가 목격한 몇 가지 상황들과 주변의 피드백을 종합했을 때 그는 분란을 일으킬 소지가 많은 직원이었다. 조직의 성장을 위해서는 그를 배제하고 판을 다시 짜는 것이 HR 전문가로서의 결론이었다.

어떻게 그를 우리 팀에서 배제시킬 것인가? 직간접적으로 알게 된 몇 가지 문제들은 냉정하게 야단 한두 번은 칠 수 있는 수준은 돼도 아웃시키기에는 부족했다. 그런데 어느 날 그가 작지만 아주 분명히 규정 위반을 한 것을 발견했다.

그가 올린 경비 요청 전자문서를 평소보다 유심히 꼼꼼히 살펴보다가 의심스러운 비용 청구가 있음을 발견했다. 프로들의 세계에서는 절대 용납해줄 수 없는 '정직성과 성실성'에 대한 심각한 도전이었다. 연장근무를 단 한 번도 하지 않았음에도 5~6차례에 걸쳐 야근 식사 비용을 청구했던 것이다. 그것도 사내에서 이상한 관계라고 소문이 났던 '그녀'의 이름과 함께, 시간도 밤 10시 즈음 정상적인 저녁 식사 장소로는 마땅치 않은 곳에서 말이다.

내 방으로 호출되어 온 그의 눈을 똑바로 쳐다보면서 이렇게 선포했다. "이런 자세와 현재의 모습으로는 더 이상 적어도 나와 같은 팀에서는 근무하기가 매우 힘들 것입니다."

어리둥절한 반응을 보이는 그에게 나는 문제의 전자결재 내용과 1차적으로 내가 조사한 몇 가지 보충자료들을 들이밀었다. 예상했던 대로 그는 잘못을 인정하지 않고, 모두가 타당성이 있는 결재 요청이라며 자신을 변론했다. 한순간도 내 눈을 피하지 않고 떳떳이 할 말을 하는 그를 보면서 '내가 제대로 알지도 못하고 순진한 친구를 몰아붙이는 것이 아닌가' 하는 생각이 들었다. 그와 동시에 이 상황이 두 가지 경우의 수를 벗어나지 못할 것이라고 판단했다. 내가 지금 잠시 잘못 생각해 순진한 직원을 억울하게 몰아가고 있거나, 아니면 그가 상상을 넘어서는 거짓말쟁이이거나.

완강하게 자신의 잘못을 부인은 했지만 어쨌든 물의를 일으켜서 미안하다고 말을 하는 그에게 나는 "본 케이스는 내가 좀 더 심도 깊게 체크를 한 연후에 다시 이야기하자"라고 대꾸했다.

다음 날 나는 이와 관련된 추가 조사와 검증을 모두 마쳤고, 그의 말이 모두 거짓이었다는 것을 반박할 증거자료들을 확보했다. Y차장은 퇴근시간 직전에 내 방에 찾아와 떨리는 목소리로 이렇게 말했다.

"회사를 그만 다니겠습니다…."

그래도 상황 판단을 빨리 했던 것일까? 그는 인사위원회에 출두하는 대신 자발적인 퇴사를 선택했다. 조금만 자신을 냉정하게 바라보았더라면 충분히 성장할 수 있는 사람이었는데 작은 유혹과 타협하느라 직장과 명예를 동시에 잃어버리는 소탐대실小貪大失의 결과를 초래한 것이다.

● 작은 유혹이 치명적인 이유

평소 존경하던 CEO께서 늘 입버릇처럼 하던 말씀이 있다.

"열심히 최선을 다했음에도 업무에 좀 실수가 나타나고 업무 능력이 좀 부족한 것은 막아줄 수도 있고 기회를 한두 번 더 줄 수도 있다. 그러나 도덕이나 윤리적인 결함이 드러났을 때는 변호해줄 수 있는 방법이 도무지 없다."

중년의 샐러리맨뿐 아니라 조직에 몸담고 있는 모두가 가슴 깊이 새겨야 할 메시지임에 틀림없다. 텔레비전 뉴스만 봐도 한 번의 유혹에 넘어가 옷 벗고 떠나는 정·재계 인사들이 얼마나 많은가? 그들에 비하면 우리 샐러리맨들은 작은 실수에도 제대로 항변할 길이 없는 불리한(?) 입장에 처해 있다. 그러니 도덕성이라는 문제에 있어서만큼은 더욱 조심하고 신중해야만 한다. 즉 커리어의 위기나 해고를 논할 때 '부적절한 유혹'으로부터 어떻게 자신을 방어해야 할지는 심각할 정도로 고민해야만 하는 첫 번째 명제다. 앞선 사례로서 힌트를 주었지만 그래야만 하는 명확한 이유를 다음의 네 가지로 정리할 수 있다.

- 능력이 부족해 잘리는 사람의 경우, 여전히 정직하고 성실하며 더 잘하기 위해 진정으로 노력한다면 분명히 기회는 또 오게 되어있다.
- 그러나 유혹의 덫에 걸려 실족한 사람은 재기가 정말 어렵다. 특히 굴지의 대기업이나 유수의 다국적 기업에 속해 있다면 조직은 아주 작은 잘못에도 매서운 잣대를 들이댈 것이다.
- 좁은 한국 사회에서 비리로 퇴출당하면 그 꼬리표가 전과자처럼 계속 따라다닐 것이다.
- 특히 중년에 들어서 더 큰 리더나 관리자의 자리로 이직하게 될 경우, 도덕성에 관련한 부분은 상상을 초월한 뒷조사 대상이 될 것이다.

앞서 Y차장의 사례에서도 언급을 했지만 비용 문제는 생각보다 위험한 회사의 비밀 테스트 도구가 될 수 있다. 물론 우리에게는 '합법적으로 사용할 수 있는 개인 비용 예산'이 분명히 있다. 그러나 '내 돈이 아니라 회사의 돈'이라는 철학을 굳건히 하지 않는 한 언제든 실수를 범할 여지가 있다. 써야 할 곳에 비용을 아끼라는 의미가 아니다. 다만 부적절하게 사용한 돈은 단돈 1,000원이라도 경고의 대상이 될 수 있음을 기억하라는 말이다.

이와 더불어 성희롱이나 언어폭력 등의 사건에 연루되어 구설수에 오르는 것도 절대 바람직한 모습이 아니니, 알아서 주의를 해주었으면 한다. 특히 성희롱이나 부적절한 사내 연애 등은 경영 변화로 인해 누군가 예기치 않게 희생양이 되어야 할 때, 당신을 파멸로 몰아넣을 수 있는 메가톤급 파괴력이 있음을 꼭 기억하자.

만일 당신이 조직에서 어느 정도 위치에 서 있다면 더욱 그렇다. 관리자의 위치에 오를수록 알게 모르게 적도 생기게 마련인데, 하물며 크고 작은 스캔들에 자꾸 연루된다면 어떻겠는가? 엄청난 황금 동아줄을 붙들고 있지 않는 한 승패를 가늠할 수 없는 엄청난 사투를 벌여야 할 것이 자명하다.

이런 현실을 두고 볼 때 우리를 답답하게 가두는 여러 울타리들이 사실은 우리를 안전하게 지켜주는 보호망 역할을 하는 것일지도 모른다. 누구에게나 유혹의 순간은 찾아온다. 하지만 그 달콤한 시작이 치명적인 파국을 불러올 수 있음을 기억하면서 '아름다운 구속' 안에 계속 머물러 있는 우리가 되기를 기대해 본다.

해고 통보를 받았다,
무엇부터 해야 할까?

확실한 나침반과 지도가 있다면

그래도 게임은 충분히 해볼 만하다

여기에서는 조금 기술적이고 방법론적인 이야기를 하겠다. 거두절미하고 오늘 당장 해고 통보를 받았다고 하자. 무엇부터 해야 할까?

가장 중요한 것은 평정심을 유지하는 일이다. 호랑이에게 물려가도 정신만 차리면 살아남는다는 말이 있지 않은가? 하지만 말처럼 쉽지 않다.

개인적으로 나는 다른 사람에 비해 비교적 감정 조절을 잘하는 편이다. 그러나 해고 통보를 받았을 때, 다른 사람보다 조금 나았을지는 몰라도 평정심을 유지하기가 정말 어려웠다.

'해고'라는 위기 상황에 놓이면 주변 여러 사람에게 어떻게 해보라는 조언을 듣게 된다. 그러나 그들의 조언이 구구절절 옳은 말이긴 해도 위기상황으로부터 나를 움직이게는 못한다. 온갖 생각들이 머리를 어지럽히는 통에 마음의 귀가 닫히기 때문이다. 아무리 담대한 사람이라도 이 순간만큼은 외부와 차단된 채 3류 소설가가 되고 만다. 스스로를 엄청난 비극의 주인공으로 몰아가면서 말이다.

이때는 잘 될 거라는 막연한 조언은 별 도움이 안 된다. 그보다는 당장 실천할 수 있는 것들을 단계별로 나누어 실천하는 것이 훨씬 낫다.

개인적으로 나는 가끔씩 마라톤 완주에 도전한다. 풀코스를 완주하려면 훈련도 충분히 해야 하고 체력도 있어야겠지만 그보다 먼저 효과적인 마인드 세트 전략이 필요하다. 내가 쓰는 방법은 코스를 나눠 생각하고 뛰는 것이다. 체력을 잘 안배해 42.195킬로미터를 열심히 뛰겠다는 생각은 너무 막연하다. 그래서 나는 '1킬로미터를 꾸준히 달리는 것을 42번 반복한다'는 생각으로 레이스를 펼친다. 그러다가 한계점에 도달하면 '좋다. 포기할 때 포기하더라도 100미터만 더 뛰고 나서 생각해보자'라고 스스로를 다독인다. 그것도 힘이 들면 시야에 보이는 전봇대를 두고 '일단 저기까지만 뛰어보고 다시 작전을 생각해보자'라고 생각한다. 그런데 이 작전이 의외로 잘 먹혀들어 그렇게 달리다 보면 포기할 듯하면서도 끝끝내 완주하게 된다.

아주 단순하지만 단계를 가지고 움직이는 것은 막연하게 '잘 될거야' 하면서 체계 없이 덤비는 것보다는 훨씬 효과적이라는 것을 다시 한 번 강조한다.

다시 시작하는 일곱 가지 액션 플랜: 7 Steps – '7 Re'

다음은 내가 실제로 커리어 위기에 직면했을 때 썼던 액션 플랜이다. 20년 남짓의 직장생활 동안 해고라는 위기상황을 극복하는 과정에서 체화한 것이다. 나 스스로 쉽게 기억할 수 있도록 '다시'라는 의미의 Re를 붙여 '7Re'라고 명명했다.

1. 심신을 재충전하고 힐링한다
: Re-charge Yourself
2. 마인드 세트를 재정립한다 – 당신은 패배자가 아니다
: Re-new Your Mind-Set
3. 당신이 누구인지를 재발견한다
: Re-identify Yourself
4. 당신을 리엔지니어링 한다
: Re-engineer Yourself

5. 인맥을 재점검하고 정립한다

: Re-build Your Human Network

6. 당신이라는 브랜드를 생각하고 셀링포인트를 만든다

: Re-proposition Your Brand: Selling points

7. 시장에 당신을 셀링한다 - 모든 채널 활용

: Re-sell Yourself through the targeted channels

우선 심신을 재충전할 필요가 있다. 해고되는 과정은 개인별로 다르다. 그야말로 어느 날 갑자기 뒤통수를 한 대 맞고 나오는 경우도 있고, 불특정 다수를 대상으로 하는 명예퇴직자 선발에 자의 반 타의 반으로 선정되는 경우도 있으며, 오랜 기간 회사와의 줄다리기 끝에 떠날 수밖에 없는 상황에 처할 수도 있다. 과정이야 어찌됐든 간에 그 결론을 받아들이는 입장에서는 심신이 지칠 수밖에 없다. 이런 상태에서 새롭게 출발하려면 무엇인가 매듭을 짓고 선을 그어야 한다. 일종의 상징적인 의식ritual이라고 할까? 자신만의 방법으로 심신을 재충전하고 힐링하는 작업은 꼭 필요하다. 사람마다 취향이 다르니 어떤 특정한 옵션을 무조건 따를 필요는 없지만 가급적이면 사람이 북적이지 않는 공기 좋고 한적한 자연 속으로 들어가 자기만의 시간을 갖기를 권한다.

둘째, 마인드 세트를 새롭게 한다. 괜히 패배자 모드에 빠지거나 콤플렉스를 느낄 이유는 전혀 없다. 스스로 고개를 숙이고 죄인처럼 살 이유도 더더욱 없다. 당신은 대역죄인도 아니고, 특별히 능력이 떨어져서 이렇게 된 것도 아니다. 사실 당신 주변 사람들은 당신이 해고되었다는 것에 그리 관심이 없다. 또한 시간이 지나면 이 역시 하나의 추억으로 기억될 것이다.

그러니 스스로에게 '이 상황이 더 좋은 곳을 가기 위해, 나와 궁합이 더 잘 맞고 보람 있고 실력을 마음껏 발휘할 수 있는 새로운 곳에서의 출발을 위해 비롯되었다'고 이야기해주어라. 감기나 우울증에 걸리는 것이 무슨 흉이겠는가? 해고 역시 치열한 경쟁사회 속에서 누구에게나 벌어질 수 있는 일이다. 그냥 내게도 그런 일이 일어났고, 잘 준비하고 있으면 때가 되었을 때 다시 시작할 수 있을 것이라는 믿음을 저버려서는 안 된다.

셋째, 당신이 누구인지를 재발견하라. 여기서부터가 쉽지 않을 수 있다. 특히 우리 일반적인 샐러리맨들에게는. 왜냐하면 평생을 살면서 학교에서도 직장에서도 그리고 주변의 어느 누구도 이 부분에 대해 생각해보라고 진지하게 조언해준 적이 없기 때문이다. 그렇기에 개념이 잘 잡히지 않을 수 있다. 그러나 이제는 반드시 이 작업을 해야 한다.

보통의 경우 일곱 가지 액션 플랜의 3~6단계를 건너뛰고 무작정 7단계인 취직을 해결하려고 한다. 물론 그렇게 해서 억지로 취직은 할 수 있다. 그러나 3~6단계를 제대로 하는가 여부가 결국 고수와 하수의 경계선이 될 것이다. 여기 3단계에서는 당신은 정말 어떤 사람이고 어떤 일을 해야 하는 사람이고, 진정으로 추구하고 싶은 커리어가 무엇인지를 정립해보는 작업이 꼭 필요하다.

넷째, 당신을 리엔지니어링한다. 이는 앞의 세 번째 단계의 직업적인 부분이 좀 더 심층적으로 들어간 것이라 할 수 있다. 본래 리엔지니어링이란 기업의 구조와 경영방식을 근본적으로 재설계하여 경쟁력을 확보하는 경영혁신 기법이다. 이제 당신을 하나의 기업이라고 생각하자. 그리고 구직활동이나 새롭게 사업을 준비하는 사람으로서 스스로를 분석해보고 재설계를 해볼 필요가 있다. 모든 것을 뜯어고치라는 소리가 아니라 내가 지금까지 해온 일, 경험한 것, 장단점 등을 심층적으로 하나하나 나열해본 후에 버릴 것은 버리고 강점에 집중하면서 새롭게 교통정리를 해보라는 것이다. 2002년 이후에 한국축구가 왜 강해졌는가? 선수를 교체해서가 아니라 체질과 전략·전술을 근본적으로 재설계해 경쟁력을 강화시켰기 때문이다.

다섯째, 인맥을 재점검하고 정립한다. 당신이 아직 비교적 젊어 지금부터 인맥관리를 시작한다면 후일 엄청난 인생의 광맥을 갖게 될 것이다. 만일 이미 중년의 나이를 넘어섰다면 더더욱 온 마음과 정성으로 이 일을 시작해야 한다. 왜냐하면 중년 이후의 경제활동은 인맥의 힘에 의해 좌우되는 경우가 많기 때문이다. 가까운 가족이나 친족, 친한 동문들을 만나는 것보다 비즈니스 등으로 만나 안면은 있지만 자주 연락을 취하지 못했던 사람들의 명단을 업종이나 특기별로 정리해보자. 이를 기준으로 사람을 만나 새롭게 인맥을 정립하는 것은 의외로 큰 혜택을 가져올 수 있음을 명심하라.

여섯째, 당신이라는 브랜드를 생각해보고 셀링포인트를 만든다. 당신이라는 사람을 브랜드에 비유한다면 어떤 브랜드가 될 수 있을까? 이름 석 자 앞에 어떠한 수식어가 붙을 수 있을까? 나는 시장에서 과연 어느 부류의 전문가로 기억되고 있을까? 어떤 고객들에게 나를 팔 수 있을까? 브랜드와 확실한 원투펀치가 없는 한 냉정한 구직 세계에 들어서기가 쉽지 않을 것이다. 그러니 이런 질문들에 대답할 수 있게 작업을 끝내야 한다. 그래야만 매력적인 이력서도 작성할 수 있고, 승산 있는 회사의 인터뷰도 제대로 해낼 수 있다.

마지막으로, 여기까지의 작업이 잘 이루어졌다면 시장에 당신을 셀링한다. 모든 가용 채널과 인맥을 동원해야 한다. 그러나 절대 구걸이 되어서는 안 된다. 체계적으로 마지막 단계까지 왔다면 굳이 구걸할 필요도 없을 것이다.

단, 여기서의 셀링은 지금까지 마구잡이식으로 지원서를 넣던 것과는 달라야 할 것이다. 아니 다를 수밖에 없다. 이전에는 진지하게 생각해 보지 않았던 3~6단계를 거치면서 매우 전략적으로 움직여 보았기에, 다른 결과가 나올 가능성이 높아질 수밖에 없다. 이 일곱 가지 액션 플랜을 통해 우리 모두가 재기에 성공할 수 있었으면 좋겠다.

한편 이 일곱 가지 액션 플랜은 꼭 해고 등으로 인해 커리어를 상실한 이에게만 유용한 도구가 아니다. 늘 불확실성 속에서 싸워야 하는 직장인 모두에게 필요한 지침이라 할 수 있다. 이 '7Re'를 통해서 커리어 관리에 새롭게 눈뜨고 전쟁터 같은 직업의 세계에서 승률을 높일 수 있는 힘을 얻기를 진심으로 고대한다.

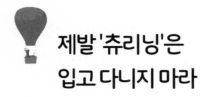

제발 '츄리닝'은
입고 다니지 마라

지금 이대로의 모습으로 인터뷰가 시작된다면

어디 한 곳에 소속되어 고정적으로 급여를 받을 때와 그렇지 못할 때의 마음가짐은 천지차이다. 그런 것들이 심리적인 안정감에도 영향을 미쳐 기회가 왔을 때 차분하게 승부수를 띄울 수 있느냐의 여부도 결정한다. 즉 현재의 위기 상황이 주는 심리적 압박을 스스로 조절하지 못한다면, 모처럼 기회가 와서 타석에 들어서더라도 헛스윙을 하고 삼진으로 물러날 수도 있는 것이다.

구직자들을 위한 강연 자리에서 자주 던지는 질문이 있다.

"당신이 A라는 기업으로부터 '서류심사에 합격을 했으니 인터뷰를 보러 오라'는 연락을 받았다면, 당신의 실제 인터뷰는 언제부터 시작될까요?"

강연에 참석한 사람들의 대답은 각양각색이다. 몇 해 전까지만 해도 내가 제시한 답은 "인터뷰를 하기 위해 그 회사의 정문으로 들어가는 그 순간부터 인터뷰는 시작된다"였다. 그러나 최근 몇 년 사이 직간접적으로 여러 가지 새로운 경험을 하면서 정답이 바뀌었다. 가장 업데이트된 답은 바로 "연락을 받는 그 순간부터"다.

이 답을 통해 말하고 싶은 것은 하나다. 재취업을 위한 모든 준비 태세는 인터뷰 전에 이미 생활 속에서 갖춰져야 한다는 것이다. 평소에 아무 관리 없이 나사가 풀어진 상태로 지낸다면 '천재일우千載一遇'의 기회가 왔다고 한들, 그것을 내 것으로 만들기 쉽지 않은 것이 지금의 현실이다.

물론 그렇지 않은 이들도 있겠지만 일단 실업 상태에 접어들게 되면 우리 대부분은 어느새 '루저 모드'로 바뀐다. 강남 스타일은 '방콕' 스타일로 바뀌고, 단정했던 옷차림 대신 '츄리닝'이 일상적인 패션이 된다. 그러다 보니 의욕을 상실하는 것은 물론 사고도 삐딱해져 부정적인 자아상을 갖게 된다. 그야말로 자세가 영 나오지 않는 것이다. 이런 상황에서 모처럼 면접 제의가 들어왔다고 치자. 프로다운 당당함이나 적진을 불사를 것 같은 용사의 모습이 드러나겠는가?

얼마 전 해고로 인해 오랜 시간을 실직 상태에서 보내던 한 선배를 헤드헌터에게 소개해 주었다. 그런데 당사자 간의 미팅이 잘 끝났는지 확인하기 위해 헤드헌터에게 연락을 해보니 매우 언짢은 심정을 드러내는 것이었다. 말인즉, 그 사람의 경험과 역량은 둘째 치고 기본적인 태도와 자세가 자격 미달이라는 것이다. 그런 상태로는 자신의 고객에게 절대로 소개시켜줄 수 없으니 이번 사안은 없었던 일로 하자는 답변을 들었다. 결국 선배를 재취업시키기 위한 내 노력은 물거품이 되고 말았다.

헤드헌터가 지적한 '태도와 자세'가 무엇인지 궁금해 찬찬히 이유를 물었더니 대뜸 하는 말이 '사람이 너무 매가리가 없어 보였다'였다. 낮잠 자다가 뛰어 나온 듯한 복장에 눈빛에 총기도 없고 자세마저 구부정하니, 그 헤드헌터의 입장에서는 자신에게 의뢰했던 고객에게 추천한들 승산이 없을 것이라는 생각이 들었다는 것이다. 겉으로 보이는 모습도 마땅치 않은데 거기에 어떻게든 일해 보겠다는 의욕마저 보이지 않으니, 이 선배를 소개시켜준 나에게 잠시 원망하는 마음이 들었다고도 했다. 그러면서 대뜸 내게 "혹시 그분 무슨 질병으로 고생하고 계신가요?"라고까지 물어오니 나 역시 당혹감과 미안함을 감출 수 없었다.

물론 그 선배가 실제 인터뷰 장소에 간다면 그보다는 나았을 것이다. 복장도 당연히 양복을 착용했을 것이고, 마음가짐이나 질문에 대답하는 수준도 달랐을 것이다. 그러나 평소에 그렇게 훈련이 되지 않은 사람이 실전에 나간다고 해서 '근본'이 확 바

꿰지는 않을 것이라는 것이 내 지론이다.

위에서 강조한 '연락을 받는 그 순간부터' 인터뷰는 시작된다고 했던 말은 바로 이런 경우를 염두에 둔 말이다. 입사하려는 회사와 자신 사이에 바로 그 헤드헌터가 중계자 역할을 하는데, 그 중계자에게 100퍼센트의 확신은커녕 단 1퍼센트의 신뢰도 주지 못했으니 어떻게 인터뷰 기회를 얻을 수 있겠는가? 그런 태도라면 차후에 다른 회사에서 연락이 오더라도 제대로 된 커뮤니케이션은 이뤄낼 수 없을 것이다.

취업의 진정한 메커니즘을 모르는 사람들 중에 '인터뷰는 그 현장에서만 잘하면 되지 않느냐'고 반문하는 이들도 있다. 그러나 나는 예의 바른 이메일 한 통 때문에, 매너를 갖추되 당당함을 잃지 않는 인사 모습 때문에, 정중한 전화 한 통 때문에 당시 인터뷰 스케줄을 잡아주었던 비서나 인사부 담당 직원들에게 좋은 이미지를 남겼고, 그들이 대표이사나 해당 임원에게 우호적인 말을 전함으로써 이미 호감을 받은 상태로 인터뷰가 진행된 경험이 몇 차례나 있다. 물론 이 사실은 입사한 뒤에서야 알게 되었지만 말이다.

해고 상태에서 재취업으로 가는 승률을 높이기 위해서는 평소에 총체적인 자기관리가 절대적으로 필요하다. 그렇다고 무조건 스물네 시간 깨어있거나 일 년 내내 양복만 입고 다니라는 소리는 아니다. 마치 지금 직장을 다니며 정상적으로 일을 하는 것처럼 규칙적으로 생각하고 움직이라는 것이다. 게으름과 불규칙한 생활 패턴은 실직 상태에 놓인 사람들이 가장 경계해야 할 '공공의 적'임에 분명하다.

●
위기 때 놓치면 안 되는 총체적 자기관리 리스트

시간의 속성이라는 것이 참으로 묘한 데가 있어서 직장생활을 하면서 분주하게 삶을 보낼 때는 실제로 너무 바빠 운동·독서·관심 분야 공부 등 자기계발에 엄두를 내지 못한다. 하지만 막상 실업 상태에 놓여 시간이 넘쳐나도 그간 못했던 많은 것들을 제대로 하지 못하는 예가 다반사다.

정상적으로 직장을 다니고 있는 사람에게도 당연히 해당되는 이야기이지만, 곧 다가올 재취업의 기회에서 즉각적인 전투 상태를 취하기 위해 꼭 생활화해야 할 총체적인 자기관리 액션 아이템을 공유해보고자 한다. 핵심은 바로 '절대로 스스로를 백수 모드로 몰아가지 말 것'이다.

아래 항목을 본다면 모두가 상식적인 이야기 아니냐고 반문할지도 모른다. 그러나 아는 것과 실행하는 것은 다르다. 다 안다고 허풍 떠는 사람이 재기하는 것을 나는 본 적이 없다. 그러나 '하는' 사람은 결국 재기를 해낸다. 나 역시 지금 이 순간에도 계속 실천하는 항목들이다.

■ 규칙적인 기상, 출퇴근, 취침

가장 중요한 부분이다. 평소 직장에 다닐 때와 똑같이 규칙적으로 기상하고 잠자리에 드는 습관을 유지하라. 출근은 어디로 할까? 마음만 먹으면 갈 곳은 꽤 있다. 공공도서관이나 지자체에서 운영하는 도서관이 좋은 예다. 적은 비용으로 회원 등록이 가능하니 그곳에서 재취업을 준비하면 된다. 재취업을 전문적으로 훈련하는 고용알선 업체에 교육을 받으러 다니거나, 가까운 지인의 사무실로 양해를 구해 출퇴근하는 방법도 있다. 그런 틈틈이 인맥관리를 위해 정기적으로 사람을 만나러 다니자.

■ 정기적인 운동

절대 거창하게 생각하지 말자. 매일 아침저녁으로 운동하겠다며 목표를 높게 잡지도 말자. 1시간씩 주 3회 정도면 족하다. 이보다 더 중요한 것은 생활 속에서 하는 운동이다.

영어를 못하는 사람들의 공통점은 공부와 생활이 떨어져 있다는 것이다. 학원이나 인터넷상에서 만만치 않은 돈을 들여가며 열심히 공부하는 것 같은데 실생활에서는 전혀 써먹지 않는다. 그러니 말 한마디도 못할 수밖에. 운동도 마찬가지다. 애써 시간을 내 운동하려 들지 말고 생활 속에서 틈틈이 스트레칭을 하거나 평소에 대중교통을 이용하는 버릇을 들이자. 당신이 중년의 남자라면 일주일에 한 번 혹은 한 달에 두 번쯤 산에 오르기를 권한다. 등산은 체력 증진은 물론 분노 등으로 어지러운 마음을 진정시키는 효과가 있다. 자연 속에서 인생을 돌아보고 통찰력을 얻을 수 있는 기회를 놓치지 않기를 바란다.

■ 인맥관리

매일 인맥관리에 시간을 쏟을 수는 없다. 일주일에 한 번 약속을 잡아 재취업에 실질적인 도움을 주거나 정신적으로 건전한 자극과 에너지를 줄 수 있는 사람들을 만나라. 단순한 친분 교류가 아닌 세일즈맨의 자세로 만남을 갖고, 돌아설 때는 나 자신에 대해 긍정적인 메시지 하나는 남기고 올 수 있도록 하자. 다만 구걸하는 패자의 모습으로 비치는 것은 철저히 경계해야 한다. 또 한 가지, 그들이 우리를 냉랭하게 대할 수도 있음을 기억하자. 설령 차가운 대접을 받더라도 마음에 두지 말고 그냥 다른 좋은 사람들을 만나러 다니자. 노트에 간단히 메모해가며 인맥관리 현황을 정리해 나가는 것도 의미가 있을 것이다.

■ 금주와 금연

혹시 술과 담배에 빠져서 살았더라면 이번 기회에 끊어보는 것은 어떨까? 술과 담배에 찌든 모습은 재취업 전선에 치명적인 이미지를 심어준다. 피부가 나빠지는 것은 물론 몸도 피곤에 찌들게 된다. 특히 과음은 불규칙한 생활 패턴으로 이어지고 순식간에 저주받은 몸매로 둔갑시켜버린다. 재기하는 데 하등의 도움이 되지 않으니 돈 버리고 몸 버리는 행위를 과감하게 버리자.

■ 금전출납부를 통한 현금 흐름 관리

좀스럽게 들릴지도 모르지만 금전관리에 신경을 써야만 하는 것이 실업 상태에 놓인 우리의 현실이다. 물론 개중에는 운 좋게 회사로부터 두둑한 보상금을 받아서 최소 1~2년은 생활전선에 아무런 이상이 없는 사람도 있을 것이다. 하지만 많은 퇴직 위로 보상금은 긴장감을 무너뜨려 자칫 독이 될 수 있다. 그러니 간단하게라도 금전출납 현황을 기록해보고 현금 흐름을 관리하는 것이 좋다. 현금 보유가 여유 없는 상황이라도 투자를 해야 할 부분에는 지불해야겠지만, 꼭 필요하지 않은 곳에 지출하는 것은 스스로 통제해야 한다.

■ 깔끔한 복장 착용과 서류가방

매번 양복 정장을 착용하고 다닐 수는 없을 것이다. 그러나 최소한 '비즈니스 캐주얼'의 드레스 코드를 유지하는 것이 좋다. 제발 트레이닝복이나 운동화(집 앞에 산책 나갈 때의 복장)는 착용하지 마라. 정장도 한 달에 한두 번 정도는 입어 봐야 한다. 평소에 전혀 정장을 입지 않다가 갑자기 양복 차림으로 정식 인터뷰 자리에 가게 되면, 이상하리만치 부자연스럽고 어색한 자신의 모습을 발견하게 될 것이다. 그런 어색한 모습은 인터뷰 분위기에 부정적인 영향을 줄 수도 있음을 잊지 말자. 실직 상태에 있어도 가끔은 이런저런 모임도 있을 것이고 강연회에 참석할 기회도 있을 것이다. 그럴 때에는 반드시 정장 차림으로 나서자. 또한 빈손보다는 서류가방을 들고 다니는 습관을 들이자. 보기에도 좋고 직장인 모드를 유지하는 데에도 도움이 된다. 책이나 노트, 필기도구, 이력서 등 '서바이벌 툴-킷Survival tool-Kit'을 '장전'시켜 놓고 다니자.

■ 개인 명함과 이력서

'실업자＝명함 없는 사람'이란 고정관념에 빠질 필요는 없다. 외국의 MBA 학생은 물론이고 요즘에는 국내 대학의 졸업 예정자들 가운데 취업을 위해 개인 명함을 들고 다니는 학생이 상당수다. 어느 모임에 나갔는데 내 옆자리에 재취업에 결정적인 힘을 실어줄 사람이 앉아 있다면, 어느 강연회에서 나를 추천해줄 강사를 만났다면 어떻게 그 사람과 인사하고 인연을 이어갈 것인가? 그럴듯한 명함을 만드는 데 2만~3만 원 정도면 충분하다. 내 경력과 브랜드를 가장 잘 표현할 수 있는 명함을 만들자. 백수라 명함이 없다고 머리를 긁적이는 것보다는 준비된 명함을 전해주는 것이 훨씬 있어 보인다. 혹시 모르니 업데이트된 최신의 이력서도 함께 전한다면 말이다.

■ 대중교통 이용

특별한 이유가 없는 한 대중교통을 이용할 것을 권한다. 경제적으로도 이득이고, 시간도 절약되고, 더불어 운동도 된다. 운전대를 잡을 필요가 없으니 독서나 메모도 할 수 있고, 창밖 풍경이나 주변 사물들을 보면서 생각을 정리할 기회도 얻을 수 있다. 대중교통은 여러 면에서 많은 이점이 있다.

■ 독서와 자기 성찰

앞서 이야기한 운동 및 대중교통 이용과 결부시켜 생각하면 좋겠다. 물론 시간을 정해놓고 독서하는 것이 제일 좋다. 실업 상태에 있으면 상대적으로 시간적 여유가 있으니 도서관 등에 출퇴근을 하면서 계획적인 독서를 할 수 있을 것이다. 그러나 이것 못지않게 중요한 것은 생활 속에서 독서를 하는 것이다. 지하철 등 대중교통을 이용하면 의외로 많은 양의 책을 읽을 수 있다.

또한 토막시간을 활용해 자기 성찰을 하기를 바란다. 생활 틈틈이 좋은 명언이나 깨우침을 메모하거나 잠자리에 들기 전 간단히 하루를 돌아보는 습관은 흐트러진 마음을 잡는 데 더할 나위 없이 좋다. 일기를 쓰는 것도 좋지만 훈련이 되지 않은 사람들에게는 무리일 수 있으니 짧은 메모 습관을 들이자. 내 경우를 보자면 잠자리에 들기 전 짧은 감상이나 '오늘 감사해야 할 일들'을 기록하면서 하루를 긍정적인 마음으로 마무리하곤 한다.

■ 가족과의 대화

어려운 시기일수록 가족들과 단절되면 안 된다. 하루에 한 번은 가족들과 밥상머리나 거실에서 이야기를 나누자. 쉽지 않겠지만 밝은 모습을 자꾸 보여줄 수 있도록 노력해야 한다. 지금 여기에서 이야기한 총체적인 자기관리에 충실하면 자연스럽게 밝고 건강한 모습을 되찾은 우리 자신을 발견할 수 있을 것이다.

그 밖에 재취업 방향에 따라 외국어를 습득하는 등 부족한 역량을 키운다면 재기를 위한 준비는 한층 더 탄력을 받을 것이다. 총체적인 자기관리 리스트를 정기적으로 점검하고 실천함으로써 재기의 가능성을 한층 더 높이는 우리가 되자.

3 /

아직 일해야 하는 당신에게
—오래 살아남기 위한 생존 법칙

/

조직 문화에 따라, 혹은 상사의 스타일에 따라 회사가 소위 핀치에 몰린 임직원을 대하는 태도는 각양각색이다. 그러나 공통점은 분명히 있다. 사람을 무한정으로 기다려줄 만큼 관대하지 않다는 점이다. 심리적인 압박을 주지 않거나 무언가 도전할 과제—리스크가 큰—를 주지 않는다고 이것을 괜찮다는 신호로 받아들여서는 안 된다. 이때 필요한 것은 최선을 다해 노력하려는 결심, 이와 더불어 설혹 실패하더라도 결과를 받아들이겠다는 겸허한 태도다.

나를 키운 건
깐깐한 그 인간들이었다

그들을 '좋은 보스'라고 말할 수 있는 이유

일단 집에 들어오면 회사 일에 대해서는 함구하는 나 자신이지만, 그리고 보통의 여자와는 달리 남편에 대해 아주 무덤덤한 아내이지만, 그럼에도 불구하고 내 아내는 어느 정도 안다. 남편이 단 한 번도 평범하고 무난한 보스를 만난 적이 없다는 것을. 20년 가까이 한 지붕 밑에서 살을 맞대고 살다 보니, 둔하디둔한 아내도 다채로운 남편의 커리어 인생에 대해 웬만큼은 알게 된 것 같다. 그런 아내가 이따금씩 이런 말을 한다.

"다른 건 잘 몰라도 당신은 정말 상사 복은 없는 것 같아."

아마 차-부장 시절까지는 그랬던 것 같다. 그런 말을 들을 때마다 나는 태연한 척하며 동조했지만 속으로는 이렇게 되뇌며 한숨을 쉬곤 했다.

'나라고 좀 감싸주기도 하고 지원도 해주는 괜찮은 상사를 만나고 싶지 않은 줄 알아?'

그러나 요즘 드는 생각은 그때와 전혀 다르다. 커리어 관리에 대한 코칭이나 특강을 할 때, 이제는 이렇게 말한다.

"나는 참 운이 좋은 사람이다. 오늘 내가 남들보다 경쟁력 있는 커리어를 갖게 된 것은 오랫동안 '좋은' 보스들과 함께할 수 있었기 때문이다."

그렇다. 내가 성장할 수 있었던 것은 남들은 단 한 번 경험할까 말까 한 커리어 쇼크를 여러 차례 겪어보았기 때문이고, 그 위기와 쇼크의 발단에 항상 만만치 않은 보스들이 있었기 때문이다. 그 보스들은 하나같이 거친 것은 물론 너무나 까다롭고 변죽이 심한 사람들이었다.

세월이 많이 흐른 지금 그들이 머물던 그 자리에 내가 앉아 보니 그 보스들이 밉지만은 않다. 이제는 일견 이해도 되고 분노와 원망으로 점철되었던 감정이 묘한 애증으로 바뀌었지만, 그 당시에는 그들이 무척 원망스럽고 미웠다. 그분들께는 죄송하지만 적나라한 표현으로, 정말 '지랄 같은' 인간들이었다. 적어도 그 당시에는 말이다. 하지만 그 지랄 같은 인간들이 나를 키웠다. 어디 가서도 기죽지 않고 명함을 내밀 수 있는 인사 전문가로 말이다.

성장의 발판이 된 잊지 못할 두 사람

지난 세월 동안 상사와 부하의 관계로 인연을 맺은 모든 사람들의 면면을 일일이 열거할 수는 없다. 십인십색十人十色이란 말처럼 사람마다 각각의 색깔이 있기에 그간 만났던 깐깐한 상사들을 한 사람씩 이야기하기 시작한다면 어쩌면 밤을 새워야 할지도 모른다. 하지만 유난히 잊을 수 없는 두 사람이 있다. 나를 무던히도 괴롭히던 그 두 사람이 현재의 내 모습을 만들었다고 해도 과언이 아니다.

한 분은 군대 상사다. 결론적으로 말하자면 관리자로서의 기본기와 비즈니스의 기초는 이분께 모두 배운 듯하다. 그 덕에 신입사원 시절에도 크게 헤매지 않고 업무를 처리할 수 있었다. 하지만 사실 이분은 나를 엄청나게 힘들게 했다. 지나칠 만큼 꼼꼼한 성격에 불같이 폭발할 때가 한두 번이 아니었는데, 한 번은 결재 올린 서류를 갈기갈기 찢어 내 면전에 던진 적도 있다. 욕과 꾸지람을 퍼부을 때는 심장이 옥죌 만큼 무자비하게 나를 대했다. 그런 성격 탓에 밑에서 일하던 인사장교가 몇 달을 넘기지 못하고 경질되곤 했는데, 나는 용케도 2년 가까이 버텨냈다.

당시 그분은 비주류 출신인 탓에 환경적으로 불리한 조건이었지만 항상 최고의 전투성과를 낸 것은 물론 모두가 인정할 만큼 빈틈없이 부대를 운영했다. 당시의 내 수준으로 그분의 숨은 노력을 알아채기란 불가능했다. 하지만 지금에 와 예측하건대 정말 치열하게 노력하면서 자신의 핸디캡을 극복했을 것이고, 그러다 보니 부하 장교들이 기대수준을 따라오지 못했을 것이다. 그래서일까. 몇몇 장교들은 모든 방법을 동원해 후방으로 도망(전출)을 갔지만, 비빌 언덕이라고는 눈곱만큼도 없었던 나는 그냥 그분 밑에서 전방을 지키는 수밖에 도리가 없었다. 그런데 되레 그것이 내 기본기를 키워놓았다.

또 한 분은 처음으로 매니저가 되었을 때 만난 상사다. 여러모로 괜찮은 분이었지만 유독 내게만은 모질었다. 겉으로는 합리적인 듯 보였지만 뒤에서는 표리부동한 이중적인 행동을 보이며 물밑 작업을 통해 나 스스로 회사를 떠나게끔 압박했다. 회식 자리에 일부러 나를 배제시키는 유치한 방법 따위로 말이다.

칭찬과 훈육을 하는 법도 유별났다. 공적에 대해서는 단둘이 있을 때 지나가듯 "수고했다" 한마디 할 뿐이었고, 개선할 부분에 대해서는 전 부서원들이 있는 자리에서 큰소리로 떠들어 공개 망신을 주곤 했다. 오죽하면 화병 같은 증상이 생겨 병원까지 찾아야 했을까.

그러나 그때 역시 나는 끝끝내 회사를 떠나지 않고 버텨냈다. 마음을 굳게 먹고 일하다 보니 대표이사를 비롯한 주요 매니저들로부터 긍정적인 피드백이 지속적으로 흘러나오는 단계에 이르렀다. 그분의 독특한 관리 스타일 덕분에 승진 누락은 물론 중요한 포상에서도 제외되곤 했지만, 이런 강력한 예방접종 덕에 그 뒤 똑같은 위기 상황이 닥쳐도 다시 일어설 수 있었다. 커리어의 위기를 어떻게 관리하고 돌파를 해야 하는지에 대해 몸으로 터득할 기회를 주었으니, 이분에게도 감사 인사를 드려야 하지 않을까?

잭 웰치는 정말 무자비한 경영자였을까?

논란의 여지는 있지만 까다롭기 그지없는 상사, 아니 피눈물도 없는 몰인정한 상사에 대해 이야기하다 보면 중성자탄이라 불리던 잭 웰치가 정말 무자비한 경영자였을까, 라는 질문을 던지게 된다.

까다로운 상사들을 무조건 미화시키려는 것은 절대 아니다. 또한 현재 존경할 만한 상사와 잘 지내고 있는데 일부러 무자비한 상사를 찾아 떠나라는 것도 아니다. 다만 그런 '피를 말리고 밤잠을 못 이루게 하는' 상사들을 통해서 어떤 교훈을 얻을 것인가, 얼마나 건설적으로 성장할 것인가에 대해 역으로 생각해 봐야 한다는 말을 전하고 싶다.

나는 직장생활을 십수 년 했음에도 자기 힘으로는 무엇 하나 자신 있게 해내지 못하는 샐러리맨들을 숱하게 만나보았고 또 직접 관리도 해보았다. 이런 샐러리맨들을 만날 때면 처음에는 화가 나다가 종국에는 안타까운 감정을 갖게 된다. 불러주는 곳도 없고 회사에서 곧 용도 폐기시킬지도 모르는데 어쩌면 이렇게 태연할 수 있을지 의문이 들 때가 한두 번이 아니다.

하지만 이런 사람들이 완벽주의에 일 욕심이 넘치고 부하직원을 쥐 잡듯 잡는 상사를 만나 혹독한 훈련을 받았더라면 과연 현재의 모습으로 남게 되었을까?

모든 걸 좋게 넘기려는 상사와 평생을 함께했거나 됨됨이와 상관없이 직원을 끝까지 끌어안으려는 회사에 길들여진 사람은 예기치 못한 위기가 닥쳤을 때 한순간에 무너지는 비운의 주인공이 될 가능성이 크다. 무조건 잘해주고 칭찬만 하며 기다려주는 상사가 결코 좋기만 한 것은 아니다. 어쩌면 그런 상사가 훗날 최악의 상사로 재평가받을 수도 있다. 그런 면에서 전 GE 최고경영자 잭 웰치의 경영철학은 우리에게 곱씹어 볼 만한 시사점을 준다.

"IBM의 임직원들에게는 미안한 일이지만 종신고용은 필연적으로 경쟁력의 악화라는 결과를 가져올 것이었다. 고용안정을 실현할 수 있다고 생각하는 조직은 죽음의 문턱으로 들어서고 있는 것이나 마찬가지다. 기업이 직원의 일자리를 보장해주는 것이 아니라 고객을 만족시킨 결과 일자리가 보장되는 것이다.

노동시장에서 게임의 법칙이 변화함에 따라 사람들은 그 회사가 시장에서 우월한 위치를 차지하지 않는 한 고용이 평생 보장되는 천국 같은 직장은 없다는 냉정한 현실을 받아들여야 한다.

우리는 종신고용 lifetime employment을 보장하지 않는 대신 종신취업능력lifetime employability을 기를 수 있도록 우리가 할 수 있는 모든 일을 할 생각이었다.

5년 동안 매각된 사업부에 소속된 3만 7,000명의 직원을 포함해 전체 직원의 4분의 1에 해당하는 11만 2,000명이 회사를 떠났다. GE의 모든 임직원들은 매각 및 감원 대상이 되지 않기 위해 안간힘을 썼다.

나는 잘못된 조직을 신속히 혁신하고, 경쟁력이 떨어지는 사업부를 최대한 빨리 매각했어야 했다. 거의 모든 일들이 훨씬 더 신속하게 처리될 수 있었고 또 그렇게 되어야만 했다. 그렇게 볼 때 미국에서 가장 무자비한 경영자로 불렸던 나는 사실은 충분히 무자비하지 못했다고도 할 수 있다."

—《잭 웰치, 끝없는 도전과 용기》중

까다로운 윗사람을 만나면 차라리 마음을 비웠으면 좋겠다. 우리의 존재 가치, 우리가 다른 이들과 차별되는 이유가 바로 그런 '지랄 같은' 인간들 때문이니 말이다. 그를 능히 대하고, 참아내고, 끝내 다룰 수 있게 되는 과정이 바로 내 성장의 밑거름이 된다. 그러니 정말 '위장된' 축복이 아니겠는가!

어쩌면 그들이 처한 자리가, 특히 극심한 경제 불황과 그에 따른 고용 불안정의 시대가 그들을 그렇게 만들었을지도 모른다. 그들 역시 보여주지 못하면 밥그릇을 지킬 수 없고, 칼을 맞지 않으려면 아랫사람을 다그칠 수밖에 없을 것이다. 어쩌면 진짜 프로로서의 자존심 때문에 '적당한 수준'을 용납 못하는 것인지도 모른다.

이겨내자. 우리가 나중에 높은 자리에 이르렀을 때는, 그들과 달리 합리적이고 체계적으로 부하직원들을 훈련시킬 수 있는 리더가 되면 되지 않겠는가?

강한 자가 살아남는 것이 아니라
살아남는 자가 '진짜' 강한 것이다

살아있음으로 해서 희망도 존재한다

커리어의 위기에 몰린 사람 대다수가 너무 쉽게 게임을 포기하려는 경향이 있다. 약육강식만이 존재하는 정글의 법칙과 회사의 지나친 홀대에 반기를 들고 '내가 그냥 나가고 만다'라는 대쪽 같은(?) 마음가짐을 표명하는 것은 일견 매우 멋져 보일지 모른다. 하지만 자기 성질과 자존심만 내세우면서도 커리어를 성공적으로 일궜다는 이야기를 나는 들어본 적이 없다.

간혹 대견하게도 게임을 포기하지 않는 사람들을 만나기도 한다. 하지만 그들은 자존심을 앞세운 극단적인 선택을 하지 않는 반면에, 막연한 긍정 마인드를 갖고 '무작정 버티기' 작전으로 일관한다. 하지만 긍정 마인드라는 말은 확실한 근거가 바탕이 되었을 때 쓸 수 있는 단어임을 잊어서는 안 된다.

개중에는 최악의 상황이 왔을 때 재기에 집중하기보다 어떻게 하면 회사로부터 돈 몇 푼이라도 챙길 수 있을지에 골몰하는 사람도 있다. 커리어 게임을 계속하는 데 진짜 도움이 되는 것을 찾지 않고 단기적인 응급처치에 올인하는 우를 범하는 것이다.

앞에서 나는 해고의 메커니즘에 대해 언급한 바 있다. 회사는 오래전에 경고의 메시지를 보냈는데 아직 해고 통보를 받지는 않았고 급여통장에 꼬박꼬박 월급이 들어오고 있다면 이는 무엇을 의미하는 걸까? 회사의 입장에서는 아마 다음의 세 가지로 분류될 것이다.

- 한 번은 두고 보겠다.
- 지금은 아니지만 언제 가는 다시 한 번 칼끝을 겨누리라.
- 이제는 안전지대로 들어가고 있다.

'이제는 안전지대 모드로 들어가고 있다'라는 판정을 받았다면 한시름 놓아도 좋지만, 다른 두 경우라면 이제는 정말 보여줘야 한다. '강한 자가 살아남는 것이 아니라 살아남는 자가 진짜 강한 것이다'라는 진리를 말이다.

그리고 기억해야 할 것은 아직 내가 살아있는 이 상황은 대부분의 경우 내 자력에 의해 연출된 것이 아니라는 점이다. 추측하건대 조직 내의 여러 복잡한 상황이 맞물려 이런 결과가 나오게 되었을 것이다. 즉 회사에서 일어나는 모든 일은 결코 한 개인의 자력으로 이뤄지지 않는다. 하지만 지금부터 실행해야 할 버티고 견디는 전략은 오로지 나 스스로 주도해가야 할 것이다.

하나 덧붙여, 최선을 다해 노력하고 그 결과를 겸허하게 받아들이겠다는 마음가짐 역시 필요하다. 설령 원치 않는 결과가 오더라도 그 자체가 게임 종료를 의미하지는 않기 때문이다. 또한 그 과정에서 회사를 떠나 또 다른 커리어를 만들어 가는 데 도움이 될 몇 가지 귀한 통찰력을 확보할 것임이 분명하다. 어쨌든 아직 살아있다는 것은 반전을 꿈꿀 수 있는 기회가 남아있다는 것이고, 그렇기에 희망도 살아있는 것이다.

● 어떤 상황이든 죽으라는 법은 없다

회사에 따라서, 또 상사의 스타일에 따라서 소위 핀치에 몰려있는 임직원들을 대하는 태도는 각양각색이다. 그러나 공통점은 분명히 있다. 사람을 무한정으로 기다려줄 만큼 관대하지 않다는 점이다. 즉 심리적인 압박이나 도전할 과제를 주지 않는다고 해서 이것이 괜찮다는 신호가 아닐 확률이 매우 높다. 반면 잊혀질 만하면 미주알고주알 체크하면서 끊임없이 압박의 수위를 높이는 경우도 있다. 두 경우 모두 답은 하나다. 비록 대단하지는 않더라도 끝없이 진화하는 모습을 보여준다면, 어느 순간 그들의 입에서 분명 "어?" 하는 감탄사가 나온다는 사실이다.

반면 버티기 게임에서 낙오하는 사람들에겐 일정한 행동양식이 있다. 우선 소극적이며 행동보다 말이 많다. 새로운 제안은 고사하고 시킨 일에서조차 마감 날짜를 맞추지 못하고, 자기 방어와 변명으로 책임을 회피하려 한다. 표정에서부터 생기가 없을 뿐만 아니라 스스로를 다른 사람으로부터 고립시키곤 한다. 회사 안에서의 시간이 자꾸 줄어들고 뾰족한 수가 없음에도 자꾸 외부에서 신기루 같은 무언가를 먼저 찾으려고 든다. 이미 게임에서 졌기 때문에 이런 행동양식이 나오는 것인지 아니면 이러한 행동양식이 누적되어 확인사살을 당하는 것인지 알 수 없지만 이것 하나는 분명하다. 어떻게든 이겨야 한다는 것이다.

어느 순간에 처해 있든 현실을 외면하지 말자. 힘들고 두렵더라도 안방에서 먼저 승부를 내야 한다. 그렇다면 이기기 위해 어떻게 게임을 풀어갈 것인가?

- **내면으로부터 다시 시작하라** : 타인이나 환경에 따르지 않고, 나로부터 시작하려는 의식적인 노력을 해야 한다. 모든 것은 내게 달렸다고 끊임없이 주문을 외도록 하자.

■ **표정관리를 잘하라** : 돈도 안 들고 건강에도 좋으니 계속 웃어 보는 것이 어떨까? 한 직원이 있었는데 회사와 틀어져서 떠날 생각으로 외부에서 일자리를 알아보기 시작했다. 그런데 번번이 면접에서 떨어졌다. 나중에 아는 지인으로부터 그 직원에 대한 피드백을 들었는데 '너무 표정이 어두워서' 차마 채용을 할 수 없었다고 했다. 이미 거기에서 승패가 결정되었던 것이다.

■ **즉각적인 반응을 보여라** : 시키는 일이 도덕적으로 잘못된 것이 아닌 이상 바로 시행하고 결과를 보여줘라. 이것이 되지 않을 경우 결국 두 가지 부류 가운데 하나로 판정받는다. 진짜 무능한 사람이거나, 끝까지 개기는 사람이거나.

■ **피드백에 귀를 열어라** : 거창한 제스처를 취하라는 말이 아니다. 근본적으로 경청하고 진심을 다해 소통하려는 자세를 취하라는 것이다.

■ **골방에 혼자 처박혀 있지 마라** : 외딴 무인도에 있는 듯한 모습을 보여주지 마라. 동료, 선후배들과 더 긍정적으로 소통하고 교류하라. 또한 절대로 회사나 상사에 대한 서운함을 드러내선 안 된다. 부정적인 인자는 어떻게든 돌게 마련이다. 그렇

다고 눈에 보이는 아부를 하면서 비위를 맞출 필요도 없다.

■ **업무를 더 하고 활동영역을 더 넓혀라** : 시키지 않더라도 좀 더 주변에 관심을 가져보자. 의외로 내가 할 일과 더 기여할 수 있는 부분이 분명히 있다.

■ **근무시간에는 절대로 이상한 짓을 하지 마라** : 대놓고 이직 준비 하지 마라. 마음만 먹으면 어디에 인터뷰 보러 다니는지 정도는 다 알 수 있는 세상이다. 특히 회사가 무관심한 것 같다는 이유로 무단 지각이나 결근을 일삼거나 장시간 자리를 비우는 것은 정말 위험하다.

■ **사내에 존경 받는 리더들을 찾아 교류하라** : 사내 정치를 하라는 말이 아니다. 다만 아무런 이권이 개입되지 않았지만 좋은 조언을 들려줄 수 있는 사람들을 찾아 커피 한 잔, 식사 한 번이라도 시도해보는 것은 어떨까?

■ **땡돌이, 땡순이가 되지 마라** : 일이 예전만큼 많지 않고 마음도 떠나가고 있으니 칼퇴근은 일견 상식적인 모습처럼 보인다. 그러나 그리 좋은 모습은 아닌 것 같다. 떠날 날짜가 확실히 정해지지 않은 이상.

■ **잘할 수 있는 부분에서 하나 둘씩 시키지 않은 제안을 해 보아라** : 적극적인 제안은 사람을 긍정적으로 비치게 한다. 단 회사의 비전과 일치하는 제안이어야 한다. 정말 공정하고 훌륭한 보스를 만났다면 그가 알아서 나를 이끌어줄 수도 있다. 하지만 그런 행운아가 될 확률은 매우 희박하다. 그러니 기다리지 말고 먼저 제안하라.

커리어 관점에서 약육강식의 법칙은 여전히 유효하다. 하지만 곧 쓰러질 것처럼 불안해 보이면서도 끝까지 생존하는 개체역시 분명히 존재한다. 더욱이 인생, 특히 커리어의 세계에 있어서는 예기치 않은 일들이 종종 벌어지는 것도 사실이다. '그 사람 참 운 좋게도 오래 간다'라고 회자될 만한 사례들이 여전히 생겨나고 있는 것이다.

여러 고수들의 커리어 여정을 보면 그들 역시 버텨야만 했던 시절이 있었다. 그리고 그들은 위에서 언급한 "한 번 더 두고 보겠다", "지금은 아니지만 언젠가는 다시 한 번 칼 끝을 겨누리라"의 상황에서 끝끝내 버텨내 마침내 안전 모드로 진입을 할 수 있었다. 그들이 처음부터 강했던 것은 아니다. 처음에는 약했지만 오래 버텨냈기 때문에 종국에는 강하다는 말을 듣게 된 것이다.

나 역시 오랜 시간 버텨오면서 나를 공격하던 사람들의 펀치가 어느 순간 현저하게 파괴력이 떨어졌음을 느낄 수 있었고,

(맞다가) 내가 지친 것이 아니라 나를 때리다가 그들이 지쳐버렸고, 결국엔 그들이 나보다 먼저 조직에서 밀려나는 것을 심심치 않게 목격할 수 있었다. 그렇다. 강한 자가 살아남는 것이 아니라 살아남은 자가 진짜 강한 것이다.

현재의 직장이
최고의 MBA 스쿨이다

● 당신은 혹시 '헛똑똑이'는 아닌가?

먼저, 나는 무조건 단순하게 "회사란 정말 좋은 곳이다. 그러니까 딴 생각하지 말고 배반하지도 말고 죽을 때까지 회사에 무조건 충성하라!"라고 외치는 '회사 예찬론자'가 아니라는 것을 분명히 밝혀둔다.

혹자는 너무 편향적인 사례를 열거하는 것이 아니냐고 반론을 제기할 수도 있겠지만, 기본적으로 다수 기업들의 지향점도 동일하기에(다시 말해 기업 대부분이 비슷하기에), 현재 몸담고 있는 우리 회사에 대한 몇 가지 '사실'을 공유해보고 싶다.

■ 사내에는 개인의 역량 및 직급에 맞는 다양한 교육프로그

램이 운영되고 있다.

■ 승진자는 새로운 역할에 맞는 별도의 리더십 프로그램을
의무적으로 수강하게 되어있다.

■ 사내에는 English Academy라는 프로그램이 있는데, 직원
들은 전문자격증을 갖춘 영어강사들을 통해 다양한 영어
훈련과정을 받을 수 있다(이 과정의 수혜를 받지 못한 직원은 회
사의 지원 하에 무료로 외부 학원의 외국어 과정을 수강할 수 있다).

■ 회사 안에서는 비즈니스와 직접 관련된 다양한 프로젝트
들이 운영되고 있고, 적극성을 보일 수 있다면 프로젝트의
멤버로 참가가 가능하다. 그 과정에서 프로젝트를 어떻게
리드하고 문제를 어떻게 해결하는지에 대한 '산 교육'을 받
을 수 있다.

■ 부서 단위, 전사 단위로 다양한 비즈니스 미팅이 정기적으
로 열린다. 직원들은 이를 통해 비즈니스 플랜을 수립하고
실행해 볼 기회를 얻는다. 또한 사후관리에 대한 실무를 익
히며 진정한 전문 비즈니스맨으로서 성장할 수 있다.

■ 일정의 근속기간이 경과되고, 중상 이상의 인사고과 등급
을 받은 자들에게는 대학원, 경영대학원 등의 진학 기회가
주어진다.

■ 회사 안에서 마땅한 교육과정을 찾지 못한 경우에는 부서
장의 승인을 받아서 외부 전문기관에서 운영하는 프로그램

을 수강할 수 있다.

- 다양한 외부 전문가들의 커뮤니티나 세미나 등에 회사를 대표해 참석할 기회가 이따금씩 있다.
- 다국적 기업이기에 본사에서 온 외국 친구들과 업무적으로나 개인적으로 교류할 기회가 열려있다.
- 가끔씩 외국으로의 출장, 연수 등의 기회가 주어진다.
- 당신이 평균을 훨씬 상회하는 고성과를 내는 직원이라면, 회사는 당신을 위해 추가적인 특별 프로그램을 디자인해주는 등 더 많이 투자할 의향이 있다.

이 글을 읽고 있는 당신이 국내 대기업이나 중견기업 직원이라면 당연히 위와 같은 것들을 누릴 수 있을 것이다. 언론에 회자될 만큼 더 큰 회사에 속해 있다면 어쩌면 이보다 더 좋은 환경이 제공될 것이다. 물론 공짜로! 정말 대단하지 않은가? 이를 부담하는 회사는 아깝다고 생각하지 않는다.

그런데 정말 이해되지 않는 현실이 하나 있다. 20여 년간 현업에서 인사 실무자로서 일해 보니, 샐러리맨들의 80~90퍼센트 정도는 이런 프로그램들에 관심이 없을 뿐 아니라 그다지 절실해 보이지 않는다는 것이다. 좀 더 정확하게 표현하자면, 무슨 연유에서인지 회사에서 꾸준히 제공하는 시스템이나 프로그램에 대해서는 매력을 못 느끼고 있다고 할까? 너무 호강에 겨워서인지는 몰라도, 바빠죽겠는데 무슨 프로그램과 행사가 이리도 많냐고 불평하는 직원들을 최근 많이 보게 된다.

사실 이런 프로그램이나 시스템은 엄청난 시간과 자본, 특히 외부 전문 인력들의 특별한 노하우가 반영된 '역작'이다. 설령 최종 소비자(기업 내부의 직원들)에게 환영받지 못하더라도 말이다. 하지만 스마트폰으로 시간 죽이기에는 열심이고, TV 미니시리즈나 주말 연속극은 절대 놓치지 않으면서도 이렇게 거저 가질 수 있는 최고의 혜택은 태연하게 외면해버린다. 그렇게 손만 뻗으면 가져갈 수 있는 좋은 무료 서비스는 놓치면서, 회사 밖의 프로그램(효과가 검증되지도 않은)은 대출을 받아서라도 참가한다. 자기계발, 몸값 올리기, 위기 탈출 등등을 명분 삼아 말이다. 마치 학교에서는 만날 졸거나 땡땡이만 치는 열등생이 방과 후에 수십만, 수백만 원대의 과외를 하는 것과 같다.

열등생이 끝끝내 학교 공부에 적응 못해 교문을 박차고 나가는 것처럼, 이들 가운데도 어느 순간 회사가 마음에 들지 않는다며 섣불리 퇴사하는 예가 종종 있다. 그러나 그들에게도 뒤늦은 후회가 밀려오는 순간이 있는 것 같다. 이미 퇴사한 그들 가운데 몇몇이 반성 아닌 반성을 하는 모습을 보게 되니 말이다. 그들은 나를 찾아오기까지 한다. 여러 사람을 만나보았는데, 그들이 하는 말은 한결같다.

"그때는 정말 왜 그렇게 어리석었는지 모르겠습니다. 회사가 그렇게나 많은 기회를 주었는데 그걸 다 무시하다가, 막상 나가 보니 우리 회사만 한 곳이 없다는 것을 알게 됐어요. 저, 혹시… 다시 입사할 수 있는 길은 없을까요? 급여나 조건에 대한 욕심은 전혀 없습니다. 그냥 다른 일반 직원들과 똑같은 조건으로 회사에서 일만 할 수 있으면 괜찮습니다."

● 현재의 직장이 가장 좋은 교과서다

다시 강조하지만 나는 회사 예찬론자가 아니다. 다만 우리가 몸 담고 있는 회사가 특히 비즈니스 측면에서, 또한 개인의 성장이라는 측면에서 많은 혜택을 주고 있는 것만은 부인할 수 없다고 말하고 싶다. 더더욱 강조하고 싶은 것은 잘나갈 때 혹은 아직 안정된 직장을 가지고 있을 때, 이러한 모든 제도와 프로그램을 자신의 것으로 만들어둬야 한다는 것이다.

생각하기 싫겠지만 회사에서 버림받은 후를 가정해보자. 다른 직장을 계속 알아보는 와중에 본인의 역량이 너무 부족하다는 것을 깨닫고 늦게나마 외부 교육기관을 기웃거리게 된다면 어떨까? 그 만만치 않은 가격에 놀랄 것이요, 그 매력 없는 교육 내용에 또 한 번 놀랄 것이다. 그나마 '빵빵한' 회사에서 구조조정을 당한 경우라면 회사의 투자로 '재취업 서비스 프로그램Out placement'에 참여할 수도 있을 것이다. 하지만 사실 그때는 이미 버스 떠난 후가 될 수도 있고, 정상적인 사람이라면 심리적인 충격과 상처 때문에 평정심을 유지하면서 교육과정을 밟기가 쉽지 않을 것이다. 무엇보다도 프로그램 자체가 개개인의 특성과 니즈Needs에 부합되지 않을 가능성이 매우 크다. 결론적으로 말하자면 안정적인 환경에서 살고 있을 때 받는 교육이야말로 효과가 가장 높다.

최근 몇 년간 내게 상담을 요청하는 사람 중 특히 중년층이 늘고 있음을 느끼게 된다. 그만큼 이 시대가 중년이 살기에 벅차다는 방증일 것이다.

그런데 참 신기하게도 그렇게 다양한 사람들을 만나건만 그들이 고민하는 화두는 대동소이하다. 사안은 오로지 해외 영어연수와 MBA를 포함한 국내외 대학원 진학 문제다. 하지만 기업이 직원에게 요구하는 역량과 외부 교육기관에서 얻을 수 있는 커리큘럼 사이에는 메울 수 없는 간극이 존재한다. 6개월에서 1년쯤 해외 어학연수를 다녀와서 갑자기 영어 실력이 확달라진 사람을 단 한 번도 목격한 적이 없고, 세계 톱클래스의 MBA를 제외하고 국내 대학원이나 MBA에 진학한 후 승진하거나 몸값이 수직 상승하는 경우도 본 적이 없다.

한국에서 이 악물고 영어 공부를 해본 적이 단 한 번도 없는데 외국 한번 다녀왔다고 기적처럼 말문이 트일 리 만무하다. 마찬가지로 회사에서 쥐 죽은 듯 자리만 지키고 있으면서 대학원 졸업장 하나에 승진이나 몸값 상승을 기대할 수는 없는 노릇이다.

그래서 나는 이런 문제로 나를 찾아오는 사람들을 적극적으로 말린다. 수억 원을 투자해서 획득한 학위가 환상적인 연봉 인상은 고사하고 재취업마저도 전혀 보장해주지 못하는 상황을 너무 많이 목격했다.

나는 어학연수를 다녀오기는커녕 그 흔한 영어학원도 한 번 다녀본 적이 없다. 하지만 어찌되었건 다국적 기업에서 영어로 업무를 하는 데 별 지장이 없다. 최근에는 영어로 짧은 강의를 하다가 한국에 교환학생으로 유학 온 외국 대학원생들에게 한 학기 강의까지 하는 지경에 이르렀다. 내가 봐도 말이 안 되는 상황이다. 하지만 업무를 위해 실전 속에서 박 터지게 노력하다 보니 화려한 맛은 없으나 영어로 주눅 드는 일은 생기지 않았다. 열심히 노력해서 향상되는 모습을 보여주니 나이 40이 되었을 때 회사에서 약 3,000만 원을 투자해서 일 년간 두 명의 개인 영어 강사를 붙여주었다. 더 열심히 해보라며 말이다. 중요한 것은 내 돈 주고 배우는 것이 아니고 월급까지 받아가면서 배웠다는 점이다. 그래서 가끔 이런 생각이 든다. '내가 돈을 내면서 회사에 다녀야 하는 것은 아닌가?'

회사의 교육과정은 어떻게 해서든지 내 것으로 만들겠다는 자세로 임하다 보니, 적어도 교육을 받은 주제에 대해서만큼은 전문가 수준까지 이르렀다. 좀 더 구체적으로 말하자면 회사를 그만둬도 바로 상용화시킬 수 있는 정도까지 연마시켜 놓았다. 게다가 내 이력서에는 그 주제에 관련한 프로젝트를 완벽히 수행했다는 업적이 한 줄 더 올라갔으니 시장에서의 몸값이 오르면 올랐지 떨어질 일은 없다. 내가 회사를 그만둘 때 회사가 그 지식들을 반납하고 떠나라고 말할 수 있을까? 이미 내 머리에 자리 잡은 노하우를 어떻게 반납할 수 있겠는가?

현재의 직장이야말로 가장 좋은 교과서요, 단연 최고의 비즈니스 스쿨이다. 이 진리는 여러 성공한 CEO나 비즈니스맨들의 입을 통해 공통적으로 입증되고 있다. 널려있는 정보와 금은보화 같은 교육 내용을 왜 가져가지 않는지 이해할 수 없다. 회사에 집중하지 못하고 투덜거리며 시간만 날리는 샐러리맨들을 볼 때마다 안타깝다. 우리는 회사를 이용해 나 자신을 성장시키는 건전한 배반을 언제라도 꿈꿀 수 있다. 그 꿈을 현실로 만드는 것은 바로 당신이다.

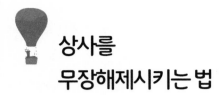

상사를
무장해제시키는 법

● **샐러리맨이 가장 행복한 순간은?**

우리는 언제 행복한가? 부와 명예를 거머쥐었을 때? 초가삼간
에 살더라도 사랑하는 사람과 함께 있을 때? 그도 아니면 자식
이 출세했을 때? 사람마다 답은 제각각일 것이다. 그러나 이 모
든 것을 다 포괄할 수 있는 것이, '인생이 계획대로 순조롭게 나
아가고 있을 때'가 아닐까? 커리어 관점에서 볼 때, 인생이 계획
대로 순조롭게 나아가고 있다는 건 내가 스스로 관리하고 통제
할 수 있는 부분이 크다는 의미다.

나는 특별한 일이 없는 한 근무 시작 시간보다 40분에서 1시
간 전 회사에 도착해 일을 시작한다. 남에게 보이기 위한 행동
은 절대 아니다. 단지 헐레벌떡 출근해 쫓기면서 업무하기보다

는, 일을 조금 더 차분히 계획하고 관리할 수 있는 시간적·물리적 공간을 확보하기 위해서다. 그러다 보니 놓쳐서 허둥대는 일도 없고 일에 쫓길 일도 거의 없다. 아주 오래전부터 이런 생활이 이어지고 있는데, 이 습관 덕분인지 내 커리어 행복지수가 자연스럽게 높아지는 것 같다.

또 회사에 있는 동안 웬만하면 엘리베이터보다는 계단을 이용한다. 특히 사람이 붐비는 출퇴근시간이나 점심시간에 다른 층으로 이동할 일이 생기면, 짜증내며 기다려야 하는 엘리베이터보다는 예측 가능한 시간 내에 내 의지대로 움직일 수 있는 계단을 택하곤 한다.

초년 매니저 시절에 고수 선배들은 이런 말을 해주곤 했다.

"너 자신을 관리하고 통제하라. 그렇지 못하면 곧 다른 사람들이 너를 관리하고 통제하기 시작할 것이다."

남에게 끊임없이 간섭받고 통제받는 삶. 노예의 삶도 그렇겠지만, 자신의 커리어를 주도적으로 가져가지 못하는 사람들도 그런 삶을 산다. 어차피 우리는 고용된 사람이니 당연하다고 생각할 수도 있지만 결코 그렇지 않다. 더욱이 일터에서 이런 상황을 방치한다면 커리어의 위기를 넘어 퇴출 단계에 이르는 것은 어쩌면 지극히 자연스러운 수순일 것이다.

어쩌면 피고용인이라는 신분으로 완전한 자유인이 되는 것은 어려울지 모른다. 상사의 지시와 감독, 사장으로부터의 통제와 관리가 늘 따르니 말이다. 하지만 우리가 어떻게 하느냐에 따라 어쩔 수 없다고 생각한 그 통제받는 삶이 달라질 수 있다. 그 첫 번째 단계가 상사의 진정한 파트너, 없어서는 안 될 절대적인 참모로 자리매김하는 것이다.

직장인을 대상으로 한 여러 통계자료들은 한 가지 사실을 지속적으로 말해주고 있다. 이직을 결심하게 되는 가장 큰 요인이 바로 사람 관계라는 것이다. 그중 특히 상사가 차지하는 비중은 절대적이다. 상사와의 관계가 얼마나 중요하면 '팔로우십'이나 '보스 매니지먼트'라는 말이 생겨났겠는가? 즉, 상사와 서로 '윈윈' 관계를 유지하면서 그 상사를 통제(?)할 수 있는 영역을 넓힐 수만 있다면 우리들의 커리어 인생은 정말 즐길 만하게 될 것이다.

하지만 어떻게 상사를 무장해제시킬 수 있단 말인가? 상사를 내 맘대로 움직인다는 것이 가능하기나 할까?

상투적인 대답일 것 같지만, 정말이지 '상사는 우리 하기 나름이다.' 상사와의 관계를 풀어갈 해법은 우리 손안에 있다는 말이다. 단, 열쇠를 내가 쥐려면 상사의 관리 스타일을 읽을 수 있어야 한다. 보고 체계를 중요하게 생각하는 상사를 위에 두고 자립성 운운하며 독단적인 행동을 한다면 어떻겠는가? 상사가 철저하게 일 중심인데, 엉뚱하게 자꾸 관계 중심으로 문제를 풀려고 들면 어떤 일이 벌어질까?

먼저 내 상사가 어떤 사람인지 파악해야 한다. 이게 되지 않으면 우리는 재미없고 스트레스만 쌓이는 직장생활, 무엇보다도 내 커리어 관리에 전혀 도움이 안 되는 직장생활을 계속 해야만 한다. 시키는 일만 해내기에 급급하고 퇴근시간만 기다리는 삶이 지겹지도 않은가?

관심을 두고 상사를 관찰해보자. 일거수일투족을 감시하라는 말이 아니라 그의 일상, 업무 스타일, 대화법, 행동거지 등을 통해 그만의 스타일이 무엇인지 알아보라는 것이다. 상사를 정확히 아는 것만으로 많은 문제가 해결될 것이다.

●
상사의 마음, 그가 우리에게 기대하는 것

상사 마음속에는 과연 어떤 생각들이 자리 잡고 있을까? 어떻게 하면 내 권한 위임의 폭을 넓혀 결국에는 그를 무장해제시킬 수 있을까?

단순명료하게 그가 '원하는 것'을 해주면 된다. 물론 그가 원하는 것이 도덕적으로 결함이 있거나 경영상의 균형을 깨뜨리는 일이라면 피해야겠지만 그런 경우는 극히 드물다.

내가 목격한 실력 있는 임원들은 거의 동일한 마음을 가지고 있다. 누군가 그들 어깨 위에 놓인 무거운 짐을 덜어주었으면 하는 마음, 골치 아픈 현안들을 믿음직한 누군가가 해결해주었으면 하는 마음, 내가 미처 챙기지 못하는(새롭게 개발해야 하는데 놓치고 있는) 비즈니스 어젠다agenda를 제시해주었으면 하는 마음 등이 그것이다. 어쩌면 그들 모두는 공격명령만 떨어지면 당장 적진으로 돌진해 적장의 목을 베어오는 용맹스러운 장수를 고대하고 있는지도 모른다. 하지만 실제로 그런 사람이 등장하는 것은 매우 드물기에 그들이 자신의 부하 직원에게 원하는 것은 의외로 사소한 것일 수 있다. 당장 오늘 아침에 지시한 일만이라도 바로 깔끔하게 해주었으면 하는 정도랄까?

상사의 가려운 곳을 긁어주려면 먼저 '가려운 곳'이 어디인지 알아야 한다. 단, 그때에는 내 능력도 함께 생각해봐야 한다. 처음부터 무리하지 말고 사소한 일부터 챙겨보라는 말이다. 단계가 쌓이다 보면 어느 순간 회사의 중요한 사안들을 함께 논의하고 해결할 수 있는 비즈니스 파트너로서 설 기회가 분명 온다. 그 순간 상사는 우리들이 모의하는(?) 무장해제 카드를 기꺼이 받아들일 것이다.

그런데 우리는 상사를 무장해제시키는 것은 고사하고 기본적인 단계의 보스 매니지먼트조차도 못하는 경우가 다반사다. 왜 그럴까? 그 이유는 두 가지로 정리된다.

우선 중요하다는 생각을 하지 않아서다. 일만 잘하면 됐지 그런 게 뭐가 중요하냐고 생각하면 오산이다. 일을 잘하기 위해서라도 '상사 관리'는 필요하다.

두 번째는 귀담아 듣지 않기 때문이다. 사실 상사들은 자신이 무엇을 가장 중요하게 생각하고 무엇이 고민되는지를 거의 대부분 표현한다. 직원들이 이를 모르는 건 그것을 상사만큼 심각하게 받아들이지 않기 때문이다. 왜? 자기 일이 아니니까. 내 일이 아니라고 생각하니 심각하게 받아들일 필요도 없는 것이다.

물론 역량이 떨어지는 것이 이유가 되기도 한다. 하고 싶은 마음, 해야겠다는 각오는 있지만 역량이 뒷받침되지 않아 과업을 해결 못하는 상황이 우리 일터에서 심심치 않게 발생한다.

하지만 그렇지 않은 경우도 많다는 것을 인정해야 한다. 실력은 되지만 내 일은 아니니 하지 않는 것, 주어진 업무만 하겠다는 것, 그것은 미안한 표현이지만 '몸종 마인드'다. 시키는 일만 하겠다는 것, 내 일이 아닌 건 안 한다고 생각하는 것 그것이야말로 진짜 몸종 마인드가 아니고 무엇이겠는가? 슬프지만 우리 안에는 여전히 그런 몸종 마인드가 존재한다. 만일 당신이 그런 마음을 가졌다면 지금부터라도 태도를 달리 해야 한다. 그런 자세로는 영원히 상사를 무장해제시킬 수 없을 테니 말이다.

1차적으로 할 일은 상사가 무슨 말을 하고 있고, 어떤 업무지시를 하고 있는지를 '경청'하고 그것을 가급적 '빨리' 해내는 것이다. 내가 모셨던 CEO 그리고 내가 만났던 수많은 관리자와 임원들 가운데 이 같은 부하직원을 반기지 않는 사람은 단 한 명도 없었다. 이것만 제대로 해내도 상사 무장해제 프로젝트는 절반 이상 이루어진 것이나 다름 없다. 그리고 정기적이건 비정기적이건 대화나 보고가 단절되면 안 될 것이다. 이메일을 통한 보고보다는 얼굴을 마주 보고 하는 대면보고의 기회를 적극적으로 활용하자.

한 가지 유념할 것이 있다. 상사의 스타일에 따라서 생각보다 시간이 많이 걸릴 수도 있다는 점이다. 이미 큰 성공을 거두어 자신만의 경영 세계가 확실하게 구축된 CEO, 조직을 촘촘히 장악하고 있는 관리자라면 마음의 문을 열고 신뢰를 얻기까지 꽤 오랜 시간이 걸릴 수 있음을 염두에 두어야 한다. 그러나 지속적인 노력으로 신뢰관계가 형성된다면 그 다음은 오히려 급물살을 탈 수도 있을 것이다.

상사를 무장해제시키는 일은 우리 모두가 — 커리어 위기에 놓인 사람, 새롭게 시작하려는 사람, 건전한 배반을 꿈꾸는 사람, 그리고 이미 안전지대에서 일하고 있는 사람에게조차도 — 공통적으로 달성해야 할 중요한 미션이다.

지금 이 자리에서 선택할 수 있는 가장 좋은 시나리오를 써보자. 그의 어깨 위의 무거운 짐을 덜어주고 종국엔 그를 무장해제시킬 수 있는 그런 시나리오 말이다. 그 시나리오를 현실로 만들 때 우리는 현재보다 한층 더 격상된 자리에 서게 될 것이다.

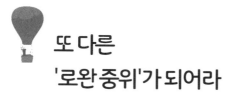

또 다른
'로완 중위'가 되어라

●
잠 못 이루게 하는 자에 대한 회고

"한밤중에 너를 잠 못 들게 하는 것은 무엇이지What makes you awaken at midnight?"

다국적 기업에 근무하다 보니 분기에 한 번은 각국의 리더들이 한자리에 모이는 리더십 미팅을 하게 되는데, 그때마다 서로 묻는 질문이다. 나오는 대답은 대부분 뻔하다. 비즈니스에서 숫자가 나오지 않거나, 골치 아프게 하는 사람이 있거나.

리더라면 누구나 어깨를 짓누르는 중압감이 있다. 그래서인지 그들 중 상당수가 말 못할 외로움을 안은 채 만성적인 두통을 달고 산다. 그런 그들에게 믿고 의지할 수 있는 참모가 있다는 것은 정말 축복받은 일이다. 하지만 리더 입장에서 보면 그런 직원을 만나기란 하늘의 별따기다. 어쩌다 좋은 인재를 찾아내 입가에 미소를 띠기도 하지만, 한밤중에 숙면을 깨우는 답이 나오지 않는 직원 때문에 남모르게 한숨을 내쉬어야 하는 순간도 적지 않다. 마음속으론 늘 문제를 해결하고 전장에서 용맹스럽게 승리하는 부하 장수의 모습을 기대하지만, 기대를 만족시키기는커녕 정치평론가나 명예회장 같은 코멘트를 던지는 직원의 모습에 뚜껑이 열리는 게 다반사다.

C차장. 아시아 본부에 있는 나의 보스가 탤런트 리뷰^{Talent} ^{Review} 미팅을 준비하자며 그의 역량과 리더십에 대해 물어 보았을 때, 내 머릿속에 저장된 그의 이미지가 팝업 메뉴처럼 자동적으로 떠올랐다. 항상 "No"라는 첫 마디와 함께 하기 힘든 이유를, 될 수 없는 이유를 열거하며 한 걸음 물러나는 일상의 모습이. 입으로 내뱉은 말들이 반만이라도 사실이었다면 그는 이미 회사의 핵심인재가 되어 혁혁한 업적을 쌓았을 것이다.

그러나 특히나 일을 의욕적으로 추진해야 할 초년 매니저 신분이었던 그는 어떤 일이든 부정적인 태도로 일관했다. 그런 모습 때문에 리더를 잠 못 이루게 하는 대표주자가 되었고, 결국 내세울 것 없는 색깔 없는 이력만 지닌 채 조로^{早老}하고 말았다. 그는 조직을 떠나며 이렇게 의미심장한 협박(?)을 했다.

"제가 떠나고 나면 분명히 깨닫게 될 겁니다. 그동안 얼마나 제가 눈에 보이지 않는 많은 일들을 다 처리해내고 있었는지 말입니다."

그는 끝내 그 적지 않은 근무시간 중에 도대체 무슨 일을 했는지에 대한 만인의 궁금증에 답을 하지 않은 채 조용히 짐을 쌌다. 그가 떠난 지 이미 오래건만 그가 경고한 그 어떤 심각한 일도 벌어지지 않고 있다.

나 또한 누군가에게 믿을 수 있는 부하직원이 되기를 바라지만 말처럼 쉽지는 않다. 특히나 조직에서 점점 더 윗자리에 오르게 되니, 복잡한 역학관계 속에서 이상적인 리더십을 갖춘 채 주어진 일을 완수해낸다는 것이 정말 쉽지 않다는 것을 깨닫게 된다. 어쩌면 리더를 구하는 리더가 되는 것이 현재의 가장 큰 숙제일지 모르겠다.

합리성을 추구하는 요즘 직장인들은 원칙을 좋아한다. 원칙에 맞지 않으면 수용을 거부하거나 소극적으로 임한다. 그러나 조직은 지위가 높아질수록 합리성보다는 창의성과 적극성에 점수를 더 준다. 창의성이란 새로운 것을 만들어내는 참신한 아이디어이기도 하지만 어떤 상황에서든 주어진 임무를 스스로 해결해 낼 수 있는 능력을 의미하기도 한다.

그래서일까. 나는 가끔 타임머신을 타고 100여 년 전으로 날아가 가르시아 장군에게 메시지를 전했던 로완 중위를 만났으면 좋겠다는 꿈같은 생각을 한다. 그에게 리더를 구하는 진짜 리더가 되는 방법을 한 수 배우고 싶다.

리더가 찾는 진짜 리더

미국이 쿠바를 둘러싸고 스페인과 전쟁을 벌이던 당시, 전세를 유리한 고지로 이끌기 위해 어떻게 해서든 빠른 시간 내에 반군의 지도자인 가르시아 장군에게 연락을 취해야만 했다. 하지만 주어진 정보는 그가 쿠바의 깊은 정글 속에 머물고 있다는 사실뿐, 그에게 연락할 방법을 아는 이는 아무도 없었다. 매킨리 대통령을 비롯한 모두가 깊은 고민에 빠져 있을 때, 누군가가 이렇게 말했다. "각하, 가르시아 장군에게 편지를 전할 수 있는 사람은 로완 중위뿐입니다."

바로 그 사람, 로완 중위가 불려왔다. 그리고 그는 말없이 대통령의 친서를 받아 들었다. 그는 편지를 밀봉해서 가슴에 동여맨 뒤, 작은 배에 몸을 싣고 사흘 밤낮을 달려 쿠바 해안에 상륙했으며, 정글 속으로 사라진 뒤 3주 만에 임무를 완수하고 반대편 해안에 도착했다.

여기서 한 가지 기억해야 할 중요한 사실이 있다. 대통령이 편지를 건넸을 때 로완 중위는 묵묵히 편지를 받았을 뿐 가르시아 장군이 어디에 있는지조차 묻지 않았다는 사실이다. 또한 그는 임무 완수에 필요한 그 어떤 지원 요청도 하지 않았다. 로완 중위가 어떻게 가르시아 장군이 있는 곳을 알아냈는지, 또 어떤 경로로 그를 만날 수 있었는지는 알려진 바 없지만, 그는 결국 혼자의 힘으로 맡은 바 임무를 수행해냈다.

　오해는 없었으면 좋겠다. 누가 보더라도 불합리하고 무모하기 짝이 없는 일에 무조건 예스맨으로 나서라는 말이 아니다. 다만 우리는 눈앞에 닥친 문제들을 해결하기 위해 조직에 몸담고 있다는 사실을 기억하라는 말이다. 또한 회사 역시 그것을 기대하고 당신을 고용했을 것이다. 근로계약이 성사되던 순간을 떠올려보라. "열심히 하겠습니다. 맡겨만 주십시오!" 하고 결연한 의지를 보였던 자신을. 그때가 언제였는지 기억조차 나지 않는다고 말할지 모르겠지만, 지금 당신은 너무 몸을 사리고 있는 것이 아닐까?

　특히 당신이 청년에서 중년으로 접어들고, '중고참'이라는 딱지가 달라붙기 시작하고, 셀프 리더십을 넘어 후배들에게 긍정적인 영향력을 미쳐야 하는 위치에 들어서고 있다면 이 문제를 더욱 심각하게 생각해봐야 한다. 나이가 들수록 안정된 무언가를 찾아야 한다고 하지만, 팀을 이끌어 가야 하는 위치에 서게 될수록 장애가 예견되는 과제로도 눈을 돌려가며 실패에 대한 두려움을 버릴 수 있어야 한다. 오히려 그런 것이 쌓여 수명이 연장되고 시장에서의 가치가 높아질 것이다.

　장고長考 끝에 악수惡手가 나오고, 돌다리도 너무 두드리면 깨진다. 비즈니스 현장에서는 생각하고 뛸 때가 아닌, 뛰면서 생각할 때 문제가 해결되는 경우가 많다. 로완 중위가 그렇게 했듯이 말이다.

지금 이 순간에도 당신의 회사는, 그리고 당신을 괴롭히는 상사는 골치 아픈 문제를 시원하게 풀어줄 수 있는 또 다른 로완 중위를 애타게 찾고 있을 것이다. 그러니 그냥 맥없이 앉아서 책상머리만 지키고 있는 유령이 되지 말자. 상사가 찾는 로완 중위가 바로 내가 되는 그날을 꿈꿔보자.

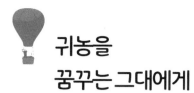

귀농을
꿈꾸는 그대에게

●
YB에 대한 회상

사실 나는 꽤나 콤플렉스가 많은 사람이었다. 물론 지금도 여전히 조금은 있지만, 다행인 것은 그 콤플렉스를 건강한 에너지로 전환시키는 노력을 비교적 잘 해오고 있다는 것이다.

대학시절, 내게 콤플렉스를 많이 느끼게 하던 친구가 있었다. 사실 우리는 매우 친했었고, 나는 여전히 그를 배울 것이 많은 친구로 좋아한다. 그리고 때 묻지 않은 그의 순수함이 참 부럽다. 더 부러운 것, 그래서 나로 하여금 더욱 콤플렉스에 빠지게 했던 것은 그의 명석한 두뇌와 실력이었다. 이를 악물고 노력해서 3학년 때 처음으로 장학금을 받았던 나와 달리, 그는 이미 입학할 때 4년 전액 장학금을 받았고 그 뒤로도 계속 우등생이었다. 거기에 언어 감각까지 뛰어나서 영어는 물론 중국어까지 유창하게 구사했다. 졸업 후 나는 육군 장교로 최전방에서 군복무를 했는데, 영어를 비롯해 모든 과목을 잘했던 그는 카투사에 합격했다.

그와의 인연은 거기서 끝나지 않았다. 신기하게도 그 역시 나와 마찬가지로 대기업 인사부에서 직장 생활을 시작했다. 최전방에서 3년 동안 틀어박혀 있던 내가 전역 후에 사회생활에 적응하기 위해 고군분투하고 있을 때, 그는 신입사원 시절부터 이미 컴퓨터를 능숙하게 다뤘고, 그룹 내 전 직원 중에서 영어를 제일 잘하는 직원으로 두각을 나타냈다. 일도 물론 잘해서 한때 내 커리어 고민까지 상담해 줄 정도였다.

그렇게 전도유망했던 그가 30대 중반의 나이에 돌연 잠적해버렸다. 직장에 사표를 내고 서울을 떠나 어디론가 사라져버린 것이다. 요즘 표현대로라면 흔적도 없이 잠수를 탔다고 할까. 그가 어디로 갔는지는 아무도 몰랐다. 그 후로도 몇 년 동안 그 친구의 행방을 아는 이는 없었다. 전라남도의 한 시골마을에 있는 작은 중학교에서 교편을 잡고 있다는 확인되지 않은 소문이 몇몇 친구들 사이에서 회자되기 시작한 것은 시간이 한참 더 흐른 후였다.

그런 그 친구를 15년 만에 다시 만나게 되었다. 어렵사리 근황을 알게 되었고 아주 친하게 지냈던 친구 두세 명만 나온다는 조건하에, 다른 친구들에게는 그의 연락처와 사는 모습을 절대

알리지 않겠다는 약속을 하고 나서야 그를 만날 수 있었다.

소문대로 친구는 서울을 떠나 시골의 작은 중학교에서 교사로 살았다고 한다. 숨 막히게 돌아가는 전쟁터에서 거대한 기계의 부속품처럼 살아가는 자신의 모습을 돌아보며 많은 생각을 했던 것 같다. 물론 털어놓기 어려운 개인사도 있었으리라. 하지만 그럼에도 결국 그는 다시 세상 속으로, 도심 속으로 들어갈 수밖에 없었던 모양이다. 이제는 더 이상 시골 학교의 교사가 아니었다.

이유는 물어보지 않았다. 낭중지추囊中之錐라는 말이 있다. 주머니 속의 송곳은 감추려 해도 드러나듯이, 재능이 뛰어났던 그 친구는 시골에 숨어있어도 자연스레 다시 남의 눈에 띄었을지도 모르겠다. 그는 인근 도시 어느 특목고의 중국어 교사로 영입되었고, 입시라는 또 다른 전쟁터에 뛰어들었다. 뿐만 아니라 일과를 마친 후 저녁에는 같은 도시에 소재한 한 대학교에서 영어를 가르치는 대학 강사로 살았다.

행복하냐고, 네가 찾고자 했던 것을 찾아냈냐고 굳이 묻지 않았다. 그에 대한 답은 그냥 빈 답안지처럼 마음 한편에 남겨두고 싶었다. 정말 친구는 최선의 선택을 한 것일까? 그리고 그처럼 훌훌 떨고 떠나면 이 숨 막히는 세상으로부터, 경제논리만이 팽배한 이 사회로부터 자유로워질 수 있을까?

친구는 약을 좀 먹고 있다고 했다. 건강 때문에 그런 것도 있지만, 가르치는 학생들 때문에 그리고 이런저런 직장의 업무로 스트레스를 받아서 그렇다고 했다. 나는 아직 스트레스 때문에 약을 먹어본 적은 없는데….

친구를 보며 깨달았다. 정답은 없다는 것을. 다만 무엇을 선택했다면 그 선택이 정답이 되도록 최선을 다해 노력해야 할 따름이라는 것을. 이 회색빛 도시 속에서, 이 치열한 정글 안에서, 내가 선택한 길에 대한 나만의 철학을 제법 잘 만들어나가고 있는 나 자신에게 감사할 따름이다.

●
현대 사회의 신新 풍속도

'얼마 모아 둔 돈은 없지만 큰맘 먹고 유학을 다녀올까? 무언지는 모르지만 사업이라는 것을 한번 해볼까? 종신근무가 가능한 작은 기업에서 무념무상으로 살면 어떨까? 그냥 다 때려치우고 시골로 내려가서 텃밭이나 일구면서 살아볼까?….'

직장인이라면 누구나 한 번쯤 이런 생각을 해 봤을 것이다. 30대 후반 시절, 나 역시 스스로에게 이런 질문을 던지면서 괴로워했다. 남들보다 열심히 산다고 생각했는데 늘 재정은 쪼들렸다. 월급날이 돌아와도 카드 값 돌려 막느라 정신이 없었고, 결혼하면서 얻은 대출 이자 때문에 늘 허리띠를 졸라매야 했다.

하지만 아무리 아껴도 결국은 대출을 또 받아야 하는 그런 삶이 계속되었다. 월급이 딱 50만원 만 늘었으면 좋겠다는 생각을 자주 했고, 주말이면 부업을 찾아 이곳저곳을 기웃거리기도 했다. 넋이 나간 듯 축 늘어진 내 모습이 보기 안 되었던지 어느 날 집사람이 말했다.

"자기야, 우리 그냥 모든 것 다 정리하고 어느 한적한 시골이나 지방 소도시에 내려가서 조용히 살아갈까?"

우리는 종종 소설 속 주인공이 되어, 이상적이고 현실도피적인 생각에 빠진다. 열심히 사는 것 같은데 길은 보이지 않고, 누구처럼 물려받은 유산도 없고, 갚아야 할 빚은 산더미고…. 현실이 이렇게 막막하니 이런 생각이 드는 게 당연하다.

그런데 요새 들어 이런 생각을 실제로 실행에 옮기는 사람이 부쩍 늘었다. 텔레비전에서는 연일 경제 불황에 대해 떠들고, 주변을 둘러봐도 온통 힘들어하는 사람뿐이니 더 늦기 전에 결단을 내려야 한다고 생각하는 것이다.

이런 선택에 대해 옳고 그름을 규정지을 수는 없다. 다만, 새롭게 등장한 현대사회의 신풍속도를 보편적인 현상이라 단정하고 시류에 휩쓸리는 것은 위험하다. 선택에 있어 정답은 없지만 그 선택에 대한 책임은 오로지 나에게 있기 때문이다.

스스로에게 한번 물어보자. 내가 지금 성장할 가능성이 있음에도 이를 거부하고 일명 피터팬증후군에 빠지려 하는 것은 아닌지를. 가능성은 있지만 확률이 너무 희박해 안 되겠다는 말은 하지 말자. 단 1퍼센트만 있어도 얼마든지 기대해 볼 만한 가치가 있는 것이 바로 가능성이라는 단어다. 가능성을 현실로 옮기는 것은 가능성 자체가 아니라, 그 가능성을 믿는 내 마음이기 때문이다. 가능성을 믿는 마음이야 말로 인간을 성장시키는 열쇠인 셈이다.

개인적으로 힘든 일이 있을 때나 초심을 잃어버리려는 순간이면 실베스터 스탤론의 〈록키〉라는 영화를 감상하며 나 자신을 추스르곤 한다. 나이 60의 록키가 20대 현역 챔피언과의 일전을 앞두고 아들에게 하는 말이 있다.

"인생이란 건 결국 난타전이야. 네가 얼마나 센 펀치를 날리는가가 아니라 네가 끝없이 맞아가면서도 조금씩 앞으로 전진하며 하나씩 얻어 나가는 게 중요한 거야. 계속 전진하면서 말이야. 그게 바로 진정한 승리야."

현실의 거대한 파도를 피해 조금은 덜 경쟁적이고 조금은 더 인간적으로 살 수도 있다. 하지만 그렇다고 더 건강하고 더 행복하고 스트레스 따윈 하나도 없는 삶을 영위할 수 있을까?

경쟁이 심하고 일이 많다고 해서 건강이 악화되고 불행해지는 것은 아니다. 반대로 경쟁이 없고 일이 적다고 행복해지는 것도 아니다. 그렇다면 이 사회의 CEO들이나 임원들은 벌써 다 쓰러졌어야 했고, 돈 많은 백수들은 모두 행복에 겨워했을 것이다(돈 많은 백수는 행복하지 않느냐고? 불과 몇 년 전에 재벌가 자녀의 자살 소식이 온 나라를 떠들썩하게 했다는 것을 상기하라).

도망갈 곳이 없다는 사실을 받아들였으면 좋겠다. 극적인 국면 전환이나 행복한 인생 역전은 너무 비현실적인 이야기다. 수도승으로 살 것이 아니라면, 자식들 교육 안 시키고 완전히 자연인이나 산山사람으로 살아가게 하고 싶은 마음이 아니라면 우리는 현실 안에서 길을 만들어내야 한다. 피터팬은 말 그대로 동화 속 주인공일 뿐이다.

살아남는 사람들은 그리고 성공하는 사람들은 자기를 위한 시간을 꼭 갖는다. 하루에 일정 부분을 떼어내어서. 흔히 이야기하는 일종의 자기 투자, 자기 성찰Self-reflection 같은 것이다. 운동을 하거나 명상 혹은 독서를 해도 되고, 혼자만의 여행을 떠나도 좋다. 정말 힘이 들어 못 버틸 것 같다면 잠시 일터를 떠나라. 한시적인 도주, 돌아옴을 전제로 한 일탈. 그것이면 충분하다.

4 /

이별의 정석

—어떻게 준비하고 어떻게 떠날 것인가

/

이직을 할 때에는 어디서든 떳떳하게 사유를 밝힐 수 있을 만큼 본인 스스로도 명확한 이직의 근거를 지니고 있어야 한다. 그래야만 나를 구매해 줄 새로운 고용주를 설득시킬 수 있을 것이고, 아울러 그 근거를 바탕으로 내 커리어 여정을 보다 명확히 정할 수 있기 때문이다. 즉, "커리어 목표를 향해 가는 장기적인 여정에서 좋은 징검다리가 될 수 있는가?"라는 질문에 스스로 자신 있게 "Yes"라고 답할 수 있어야 한다.

떠나야 할 때 vs.
참아야 할 때

사람들이 이직을 하는 이유

평생직장이 이미 추억의 이야깃거리가 된 작금의 세상에서는 이직이 더 이상 낯설거나 금시기되는 말이 아니다. 2012년 경총에서 392개 기업을 조사한 결과 대졸 신입사원이 입사한 지 1년 안에 퇴사하는 비율이 23.6퍼센트였고, 대기업에 한정해도 14.8퍼센트(입사 포기자 포함)에 달했다고 한다. 직장을 선택할 때 적성을 고려하지 않는 사회적 풍토가 가장 큰 원인이겠지만, 어찌 되었든 젊은 층에서는 직장을 그만두거나 옮기는 것을 가볍게 생각하는 듯하다. 극단적으로 표현해 이직을 '옷 갈아 입는' 정도로 생각한다고 할까? 그렇다면 장년층은 어떨까?

경력이 어느 정도 있는 직원들에게 왜 직장을 옮기느냐고 물어보면 각양각색의 대답이 나온다. 일반적으로는 당초 기대했던 직무 내용이나 근무조건과 너무 상이한 현재의 상황 때문에, 꼭 한 번 도전해보고 싶었던 꿈의 직무가 있었는데 그 일을 할 수 있는 곳으로부터 좋은 제안을 받아서, 과중한 업무 때문에 악화된 건강관리를 위해서, 자녀교육·배우자 전출 등의 불가피한 가정사로 인해, 혹은 본인은 떠나고 싶지 않지만 회사의 경영 악화나 구조조정 때문에….

직업 선택은 헌법이 보장한 개인의 자유이니 이처럼 정확한 동기가 있다면 한 번쯤 이직을 고려해봄 직하다. 하지만 연봉이 낮아서, 야근이 많아서, 존경할 만한 상사가 없어서, 상사와의 마찰 때문에, 지금의 회사에서는 더 이상 배울 것이 없어서, 자기계발의 기회가 없어서 등의 이유는 당사자 입장에서는 그럴듯한 이직 사유가 될지 몰라도 거래를 위해 시장으로 나가는 순간 매의 눈을 가진 고용주에게 자칫 매서운 공격을 받게 될지도 모른다. 특히 직장생활을 할 만큼은 했다고 하는 중년의 경력사원들에게 있어서는 말이다.

그래서인지 경력 있는 샐러리맨들은 이직을 할 때 이런저런 이유를 '퉁'쳐서 '더 이상의 비전을 찾을 수가 없기 때문'이라고 두루뭉술하게 이야기한다. 이혼 사유에 '성격 차이'가 가장 많이 거론되는 것과 비슷하다고 할까? 그런데, 결혼이나 이혼은 어디까지나 사생활이니 굳이 남에게 이유를 밝힐 의무가 없지만 이직은 사안이 다르다. 어디서든 떳떳하게 사유를 밝힐 수 있을 만큼 본인 스스로 명확한 근거를 지니고 있어야 한다. 그래야만 나를 구매해 줄 새로운 고용주를 설득시킬 수 있을 것이고, 아울러 그 근거를 바탕으로 내 커리어 여정을 보다 명확히 정할 수 있기 때문이다. 즉, "커리어 목표를 향해 가는 장기적인 여정에서 좋은 징검다리가 될 수 있는가?"라는 질문에 스스로 자신 있게 "Yes"라고 답할 수 있어야 한다.

떠나야 할 때 vs. 참아야 할 때

이렇듯 이직을 두고 큰 그림이 잡혔다면 현실적인 문제들을 따져봐야 한다. 즉, 내가 머물러야 할 때와 물러나야 할 순간을 정확하게 아는 것이다. 그렇다면 어떤 상황에서, 어떤 사유를 바탕으로 회사와 이별하는 것이 바람직한지 몇 가지 경우로 정리를 해보자.

1. 새로운 기회가 자신의 중장기 커리어 플랜과 부합하는지 다시 한 번 점검한다. 이직으로 인해서 내 커리어의 테마와 스토리가 한층 더 탄탄하게 다져질 수 있어야 한다.
2. 여러 경로를 통해 알아본 결과 새 직장이 나와 문화적으로

도 코드가 잘 맞을 것이라는 확신이 들어야 한다.

3. 왜 그 회사에서 그 포지션이 오픈되었으며 많은 후보자 가운데 최종적으로 나를 낙점했는지를 분석해보아라. 나의 가치나 잠재력이 새로운 직장이 직면한 문제나 위기에 필요한 경우라면 한번 도전해 볼 만하다.

4. 지금까지 하던 것과 유사한 업무를 하는 것이 아니라, 더 책임감 있는 자리로의 수직이동 혹은 이전 경험을 토대로 새롭게 익히고 도전할 업무량이 30퍼센트 이상은 될 경우라면 괜찮다.

5. 이직 시 따져봐야 할 자신만의 체크리스트(의사결정을 위한)를 만들어보자. 업무 자율권과 권한, 새로운 프로젝트, 자기성취도, 급여, 직업의 상대적인 안정성, 일과 삶의 균형 등이 그 예다.

6. 가능한 한 현재 회사에서의 성과가 정점을 찍고 있을 때, 즉 박수칠 때 떠날 수 있으면 좋다.

7. 역설적인 말이지만 현재 직장이 안정적일 때, 즉 한 템포 빨리 이직하는 것이 좋다. 직업이 없는 상태에서 구직활동을 하게 되면, 대부분의 경우 심리적인 압박에 밀려서 최고의 선택을 하지 못하기 때문이다.

8. 명분과 실리, 이번 이직으로 시장에서의 내 부가가치가 한 단계 상승할 수 있다는 믿음이 있어야 한다.

9. 너무 당연한 이야기이지만 새 회사의 최근 사업실적, 재무제표, 주가 등을 체크해보고 종합적으로 회사의 안정성을 확인해 봐야 한다.

물론 이 모든 조건이 충족되는 이직은 흔치 않을 것이다. 다만 이 기본적인 원칙을 하나하나 짚어본 후, 나 자신이 부합하지 않는 조건들을 수용할 수 있을지의 여부를 따져봐야 한다. 그래야만 이직을 한 뒤 미처 생각하지 못한 부분 때문에 당황하는 사태를 막을 수 있다. 그렇다면 이와 반대로 이직을 신중하게 보류해야 하는 경우는 어떤 것이 있을까?

1. 매력적으로 보이는 급여 때문에 감정적으로 흔들리고 있다면(흥분한 나머지 공중에 붕 뜬 기분이라면) 다시 한 번 생각해 보는 것이 좋을 것이다.
2. 사고 치고 도피하듯이 떠나는 상황이라면 바람직한 이직 타이밍은 아니다. 회사에서 나가라고 하면 어쩔 수 없겠지만 그렇지 않다면 프로답게 일을 깔끔하게 마무리해놓는 작업을 선행해야 한다.
3. 상사, 동료 등과의 갈등으로 욱하는 마음에 '두고 봐라' 하는 심정으로 나가는 것은 정말 바람직하지 않다. 프로의 세계에서 감정적으로 싸우면서 게임을 지배하는 선수를 아

직 보지 못했다.

4. 내면의 소리가 아닌 주변 상황에 이끌려 이별을 준비하고 있다면 이는 호재가 아닐 수가 있다. 이직이란 단순한 호기심이나 인간적인 정에 이끌려서 하는 이벤트가 아님을 명심해야 한다.

5. 현재의 일과 거의 차이가 없어 새로운 긴장이나 도전이 전혀 없다면 다시 생각해보자. 일도 비슷하고, 연봉도 비슷하고, 회사 규모나 시장에서의 가치도 비슷한데 굳이 옮길 필요가 있을까? 권태기에 잠시 바람피우는 것과 다를 바 없는 후회로 상황이 종료될 수도 있다.

6. 나 말고도 그 일을 할 수 있는 사람이 많은 경우라면 좀 더 신중히 생각해 보자. 떠난다면 자신의 희소가치를 보여줄 수 있는 곳으로 움직이는 것이 좋다.

7. 믿을 수 있는 사람 등을 통해 새로운 회사를 제대로 검증해보지 않고 떠나는 경우는 위험하다. 요즘은 전화 한두 통이면 다 알아볼 수 있으니 새 회사의 비즈니스 상황, 기업 문화, 함께 일할 사람들의 면면에 대해 점검한 후 결정해도 늦지 않다.

8. 끝으로 한마디 더 하자면, 안에서든 밖에서든 회사가 마음에 들지 않아 퇴사해야겠다는 소리는 절대 하고 다니지 마라. 즉 함부로 칼을 뽑아 들어선 안 된다. 칼은 딱 한 번만

뽑으라고 있는 것이다. 나는 주변에서 조금만 힘들고 자기 뜻대로 일이 풀리지 않으면 갈 데도 없으면서 "비전이 보이지 않아 다른 길을 고려해야겠다"고 떠들고 다니는 직원들을 종종 본다. 이들은 공통적으로 '루저'다. 조직에서는 물론 시장에서도 주목하지 않는다. 그러니 이런 '양치기 소년' 케이스로 이직하지는 말자.

위에서 언급한 지침을 바탕으로 균형 있고 정확한 판단을 내리기를 바란다. 그러나 동시에 기억해야 할 점은 우리가 기대하는 '완벽한 찬스'란 사실 없다는 것이다. 그러니 자기 마음을 완전히 충족시키는 찬스만 기다리다 죽을 때까지 단 한 번의 도전도 못하고 도태되어 버리는 상황을 만들지는 않았으면 좋겠다. 더 크고 의미 있는 도전을 위해서 어느 정도의 위험 감수와 새로운 곳에서의 적응을 위한 가슴 졸이는 노력 역시 절대적으로 필요한 것이 시장의 논리다. 이제 최종 판단은 당신의 몫이다. 새로운 무대에서 새로운 도전을 시도해야 할 사람도 당신이고, 당신의 커리어에 책임을 져야 할 사람도 바로 당신이라는 말이다. 나의 성장에도 도움이 되고 그리고 후배들에게도 길을 열어줄 수 있는 그런 아름다운 이별의 주인공이 되기를 바란다.

이직의 의미:
이직은 새로운 성장을 위한 졸업이다

이직은 새로운 의미의 졸업이다

떠나야 할 때와 참아야 할 때를 이해한 당신. 그래서 마침내 남아있는 자가 아닌 '떠나는 자'가 되기로 결심했다면, 이제 그 새로운 모험을 제대로 준비하기 위해 그리고 종국에는 '이직의 정석'을 완성하기 위해 이 새로운 발걸음에 대해 제대로 의미 부여를 할 수 있어야 한다.

한국마이크로소프트를 퇴직하고 새로운 일터로 자리를 옮기자 중국에서 근무하고 있던 미국 친구가 SNS를 통해 연락을 해왔다. 거친 환경에서 서로 힘이 되어주면서 함께 고생했던 그 친구는 새로운 곳으로 떠나는 내게 건투를 빌어주었다. 친구가 보낸 메시지의 첫 문장은 이랬다.

"네가 마이크로소프트를 졸업했다는 이야기를 들었다 I've heard that you graduated from MS."

그때 나는 그 친구가 쓴 '졸업'이라는 표현에 주목하며 이직을 그저 '끝'으로 받아들이는 우리의 잘못된 고정관념에 대해 다시 생각하게 되었다.

우리는 흔히 졸업을 '끝'이라 생각한다. 나 역시 학창시절에는 졸업만 하면 지겨운 공부를 '끝'내고 모든 것으로부터 해방될 줄 알았다. 혈기왕성한 시절이었기에 그저 앞으로의 미래가 평탄대로일 거란 희망에만 부풀어 있었다.

그런 내게 학교 선생님을 비롯해 이미 졸업한 선배들까지 졸업이란 끝이 아니라 시작이라는 개념을 심어주려고 애를 많이 썼다. 비록 그 당시에는 그런 충고나 가르침이 귀에 들어오지는 않았지만, 시간이 한참이 흐른 후 '지금 알고 있는 걸 그때도 알았더라면'이라는 시구를 떠올리며 선학先學들의 충고가 괜한 것이 아니었음을 깨달았다.

커리어 인생의 절반을 넘기고 있는 시점에서 이직 또한 졸업과 마찬가지라는 생각을 하게 된다. 즉 이직은 우리가 생각하는 그런 단순한 졸업이 아닌, 새로운 도전으로서의 졸업이다. 이미 마련된 잘 다져진 자리에 올라 그냥 하던 대로 처신하면 되는 그런 기회가 절대 아니다. 도피가 되어서는 더더욱 안 된다. 내가 왜 떠나는지, 새로운 곳에서 무엇을 해내야만 하는지를 명확하게 짚어보는 과정을 놓친다면 상당한 시행착오와 고전을 겪어야 할 것이다. 냉혹하게 들릴지 모르겠지만 이직의 결과는 보통 세 가지 결말의 시나리오 가운데 하나로 귀결될 수밖에 없기 때문이다. 성장, 정체 그리고 퇴보. 그러니 어떤 마음으로 이직을 해야 하는지 답은 나와 있지 않은가? 성장하기를 원한다면 이직을 '시작을 위한 졸업', '출발과 동의어인 졸업'으로 생각해야 할 것이다.

●

"왜 이직을 하셨나요?"

"왜 이직을 하셨나요?"

누구보다도 '노마드족' 같이 다양한 이직으로 점철된 내 커리어 인생을 볼 때 이런 질문은 새삼스럽지 않다. 사람들이 내게 유독 이 질문을 많이 던지는 이유는 본인들이 보기엔 이직할 하등의 이유가 없어서일 게다. 즉 이미 충분히 좋은 회사에서 꽤 괜찮은 직책에 있는데(더구나 기득권도 생기는 듯한데), 왜 또 굳이 새로운 변화, 아니 모험을 했는지가 궁금해서다. 그것도 적지 않은 나이에 말이다.

특히 마이크로소프트라는 세계 굴지의 기업에 있다가 현재의 시그나Cigna그룹―그런데 사실 시그나는 상대적으로 덜 알

려졌을 뿐 상당히 좋은 회사다. 포춘 300대 기업으로, 보험·
헬스서비스 분야에서 독보적인 글로벌 리더로 자리 잡고 있으
며, 숱한 경제 불황에도 성장을 거듭해온 작은 거인 같은 회사
다―에 또 한 번의 이직을 시도했을 때 이런 질문은 절정에 달
했다. 회사 내부에서의 혜택은 물론이요, 대외적 교류에서도 누
릴 수 있는 그 엄청난 프리미엄들을 왜 스스로 내려놓았느냐
가 그들이 던진 질문의 요지였다. 재미있었던 것은 직업 선택이
우리보다 훨씬 자유로운 외국 친구들조차 그런 반응을 보였다
는 점이다. 회사의 워크숍이나 컨퍼런스 등으로 해외지사나 미
국 본사 사람들과 만나 내 소개를 할 때 "이전에 이베이와 마이
크로소프트에서 근무했다"고 하면, 그들 중 상당수가 내 이직이
일반적인 케이스는 아니라고들 하니 말이다.

　하지만 여기에 대한 내 대답은 아주 단순하다. 이 새로운 회사
에서의 커리어가, 이 새 땅에서의 또 한 번의 출발과 도전이 분
명히 나를 성장시킬 수 있을 것이라는 확신이 있었기 때문이다.
또한 그 이면에는 앞에서도 언급했지만, '새로운 도전이 있는
곳을 찾아간다, 남이 가지 않으려고 하는 곳으로 찾아간다, 경험
해보지 못한 업종으로 찾아간다, 체계가 덜 갖추어진 곳으로 찾
아간다, 성장이 정체된 조직이 아니라 지금도 계속 성장곡선을
그리는 기업을 선택한다, 더 큰 역할과 책임이 있는 곳으로 간
다' 등의 철학이 숨어 있음은 빼놓을 수 없는 포인트다.

내가 성공할지 실패할지는 아무도 모른다. 그러나 중요한 것은 나는 성장이라는 카드에 들이대면서 베팅했다는 것이다.

앞서도 말했지만 프로페셔널의 관점에서 이직의 형태를 분류하자면 '성장, 정체, 퇴보' 이 세 가지가 전부라고 해도 과언이 아니다. 이직을 논할 때 '비전이 있네, 행복지수가 높네, 연봉이 높아졌네, 직급이 높아졌네' 등을 따지는 것은 큰 의미가 없을지 모른다. 그보다는 '성장'을 통해 시장에서의 내 가치가 상승했는가의 여부가 100세 시대의 평생 커리어 성공전략을 가져가야 할 우리 모두의 지상명제임이 틀림없다. 그래서 감히 나는 이렇게 말하고 싶다. 이왕 이직할 생각이라면 성장의 키워드를 겨냥하면서 도전해보라고. 성장할 수 있다면, 성공이라는 열매도 따라오게 될 것이 분명하므로.

●
성공적인 이직을 위한 '5-5 액션 플랜'

이직을 통해 또 한 번의 성장을 하고 싶다고 해도 이직이라는 게임에서 승리하지 못하면 현실적으로 성장을 꿈꿀 수가 없다. 그리고 설령 이직이라는 게임에서 승리했다고 해도 새로운 파트너(회사)가 전혀 나와 코드가 맞지 않다면 참으로 곤혹스러울 것이다.

물론 이미 고용계약서에 사인을 했다면 그때부터는 어쩔 수 없이 모든 것이 내 책임 아래 들어가겠지만, 이왕이면 미리 그런 원치 않는 상황에 놓이지 않도록 노력하는 것이 좋지 않을까? 이제 단기 속성코스로 이직이라는 게임에서 승리하고 최적의 파트너를 잡을 수 있는 방법을 알아보자. 이는 '5-5 액션 플랜'으로 정리되는데, 이는 다섯 가지 프로세스와 다섯 가지 분야의 질문을 통해서 움직여보라는 의미다.

다섯 가지의 프로세스란 마스터플랜, 네트워킹, 맞춤 이력서 작성, 인상적인 인터뷰, 사후관리follow-up를 말한다. 너무 간단해서 실망했을지도 모르겠다. 그러나 실제로 이 다섯 가지 프로세스를 충실히 따르면서 움직이는 사람들은 전체 샐러리맨들 가운데 3퍼센트가 채 되지 않는다.

마스터플랜이란 당신이 진정으로 그리고 싶은 커리어의 그림이다. 이 책의 초반에 소개한 바 있다. 네트워킹이란 인적 네트워크를 통해 차별화된 정보를 수집하고 그를 바탕으로 이직 전술을 업그레이드시키라는 소리다. 그러면 자연스럽게 고객(회사)의 관점에 특화된 이력서(세 번째 프로세스)를 작성할 수 있고, 그 이력서를 바탕으로 인상적인 인터뷰(네 번째 프로세스)를 진행할 수 있게 된다.

그리고 인터뷰가 끝난 후에는 성패 여부를 떠나 반드시 감사 인사(thank you email-다섯 번째 프로세스)를 보내도록 하자. 간단

한 인사 한마디에 이직 내공을 쌓을 수 있는 조언 한마디를 얻을 수도 있고, 훗날 또 다른 이직의 인연으로 연결될 수도 있는 것이 커리어 세상이다.

두 번째는 다섯 가지 체크 포인트다. 'KNOW', 'DO', 'YOU', 'WHO', 'WHERE'로 요약되는, 평범해 보이지만 놓쳐서는 안 될 기본을 점검할 수 있는 질문이다.

■ KNOW

- 내가 아는 것은 무엇인가?
- 내가 배워온 것은 무엇인가?
- 다음 커리어를 위해 새롭게 학습하고 익혀야 할 것은 무엇인가?

■ DO

- 내가 할 수 있는 것(기술, 재능, 경험)은 무엇인가?
- 내가 잘하면서도 즐길 수 있는 것은 무엇인가?

■ YOU

- 나는 누구인가?
- 내가 같이 일하고 싶어 하는 사람들(유형, 관리 및 리더십 스타일, 문화)은 누구인가?

- 나를 자극하는 것은 무엇인가?

■ WHO
- 나는 누구를 알고 있는가? (나의 인맥과 정보망 지도)
- 나를 도와줄 수 있는 사람들은 누구인가?
- 다른 사람들을 도와 또 그 사람들이 결국 다시 나를 돕게 할
  수 있는가?

■ WHERE
- 나는 어디로 가고 있는가?
- 진짜 목표는 무엇인가?

이 '5-5액션 플랜'을 근간으로 다시 한 번 나 자신과 주변 시
장을 관찰해본다면 이직을 하는 데 있어 한 단계 진보된 시야를
갖고 당신에게 새로운 성장의 엔진을 달아줄 새로운 고용주와
만나게 될 것이다. 그들은 당신이 급한 불을 꺼주고 문제를 해결
해주는 소방수나 구원투수의 역할을 해주길 기대할 수도 있고,
조직을 총체적으로 진단하고 재건하며 그에 따른 변화와 혁신
을 이끌어주기를 원할 수도 있으며, 지금까지와는 격이 다른 관
리와 행정을 해주기를 기대할 수도 있고, 아니면 어쩌면 이 모든
것을 순차적으로 혹은 동시에 같이 해주기를 원할 수도 있다. 적

어도 당신이 성장이라는 아이콘을 클릭한다면 말이다.

이직을 파라다이스행 기차쯤으로 생각했다가 큰 코 다치는 우를 범하지는 말자. 잔뜩 폼을 잡고 멋지고 대단한 무언가를 누릴 생각이라면 곧 위험에 빠질 수도 있다. 그럼에도 이직은 해볼 만한 것이고, 그래서 이제는 점점 선택의 메뉴에서 필수의 메뉴로 변하고 있는지도 모른다. 이직이 당신에게 새로운 성장을 위한 또 하나의 의미 있는 출발이 되기를 진심으로 기원한다.

과연 재혼은
미친 짓일까?

이 결혼 괜찮을까요?

당신이 만일 이 여자라면 최종적으로 어떤 결정을 내리겠는가?
만일 당신이 이 여자의 가족이라면 이 결혼에 대해서 어떤 조언
을 해주겠는가?

'집에서 이 남자와의 결혼을 반대합니다. 저는 서울대를 졸업하고
미국에서 석사를 따 한국에 돌아왔고, 풍족한 건 아니지만 아버지가
의사셔서 어려움 없이 자랐습니다.
남자는 고졸이고 현재는 직업이 없지만 정치를 하고 싶어 합니다.
스피치 학원을 잠깐 했었는데 선거에서 몇 번 떨어지고 지금은 무
일푼으로 월셋방에서 가족과 함께 살고 있습니다. 홀어머니가 편찮

으시고 시누이가 하나 있는데 심장이 안 좋아서 결혼하면 둘 다 모시고 살아야 합니다. 그리고 남자는 재혼입니다. 첫사랑과 결혼해서 지금은 사별하고 중학생 아들이 두 명 있어요. 물론 제가 키워야 합니다.

전 초혼입니다. 전 그를 사랑하는데 가족뿐만 아니라 주변 사람 단한 사람도 이 결혼을 반대하지 않는 사람이 없네요. 인물 됨됨이는 정말 훌륭한데…. 그는 내가 필요하고 아이들을 돌봐주길 바란대요. 그리고 절 사랑한대요. 이 결혼 괜찮을까요?'

강연장에서 이 글을 교육생들에게 보여주고, 당신이 이 여자라면 이런 남자와 결혼을 할 수 있느냐고 물으면 절대다수는 잠시도 주저하지 않고 고개를 절레절레 흔든다. 그런데 잠시 뒤에 이 글의 주인공을 말해주면, 나 같으면 절대로 이런 선택을 안하겠던 사람들의 입에서 탄성이 흘러나온다.

이 글은 고 김대중 대통령의 부인 이희호 여사의 자서전 《동행》의 일부 내용을 발췌한 것이다. 이희호 여사는 주변의 우려를 무시한 채 결혼을 강행했다. 세상 모든 사람들이 비웃었을 법한 결혼이었지만 결과적으로 그녀의 선택은 잘못된 것이 아니었다. 결혼 후 그녀는 온 힘을 다해 결혼생활에 노력했고 결국 그녀의 남편은 대통령이 되었다.

한 사람이 새로운 직장을 선택하고 그 속에서 자신의 커리어를 만들어가는 과정은 흡사 남녀가 만나 결혼을 하고 가정을 일구어 살아가는 과정과 같다. 지금은 그 의미가 많이 퇴화됐지만, 어찌됐든 결혼은 행복의 척도로 불릴 만큼 인생의 중대사다. 그런데 새로운 일터에서 커리어를 시작하는 것에 대한 우리들의 마음가짐이나 준비 상태는 그 중요도에 비해 절대적으로 부족한 것 같다.

완벽한 조건의 배우자를 만나더라도 본인이 배우자로서, 가장으로서, 부모로서 준비되어 있지 않다면 그 결혼생활은 불행할 수밖에 없다. 마찬가지로 남들이 다 부러워할 만한 회사에 취업했다 하더라도, 취업했으면 다 된 것 아니냐는 안일한 생각을 하며 긴장의 끈을 놓는다면 우리들의 커리어 인생에 비극의 전주곡이 울리기 시작할 것이다.

반대의 경우도 마찬가지다. 앞서 언급한 이희호 여사처럼 (당시에는) 부족한 배우자를 만나더라도 이후 서로 힘을 합해 노력한다면 갈등과 시행착오는 있을지언정 그 결혼생활이 행복해질 수 있듯, 만족스럽지 않은 직장에서 새 출발을 하더라도 도전의식을 갖고 열린 마음으로 노력해간다면 그 이직은 분명히 내커리어 여정에 적지 않은 의미를 선사할 것이다.

●
이직이 어려운 이유

취업이 결혼에 비유된다면 이직은 재혼과 같다. 학교를 갓 졸업
해 세상 물정도 모른 채 직장에 들어가는 것이 아니라, 그간의
경험으로 알 만한 건 다 아는 상태로 새 둥지를 찾아가는 것이기
때문이다. 마찬가지로 상대방(회사)도 이미 모든 것을 다 알고
산전수전 다 겪은 상태다.

초혼이 어려울까, 재혼이 어려울까? 재혼을 해보지는 않았지
만, 주변 지인들에게 들어 보면 백이면 백 모두 재혼은 정말 쉽
지 않다는 이야기를 한다. 한 번 실패했다는 자책감(죄가 아님에
도)은 물론 아이 문제 등까지 함께 생각해야 하니 내가 생각해도
그 삶이 쉽지는 않을 것 같다. 같은 맥락에서 취업과 이직을 비
교해 봐도, 이직이 더 하면 더 했지 그 어려움은 결코 만만한 것
이 아니다.

나만 해도 새 직장으로 이직한 후 과거의 경험 하나 믿고 충분
한 준비 없이 업무에 뛰어들었다가 심각한 커리어 위기에 몰린
순간이 있었다. 새 직장에 출근하자마자 나는 이전 사람들이 오
래전부터 계획은 했으나 차일피일 미루던 일을 맡게 됐다. 그 프
로젝트는 영업 매니저의 역량 개발을 위한 워크숍을 진행하는
일이었다. 지금 생각해보면 골치만 아프고 잘해도 본전인 주인
없는 프로젝트를 막 입사한 신참에게 넘겨버린 것이었다.

워크숍이야 이전 회사에서도 늘 하던 일이고 또 누구 못지않게 잘한 경험이 있었기에 대수롭지 않게 생각하면서, 내가 입사하기 전에 이미 정해진 업체(프로그램과 강사도 포함한)와 함께 진행했다.

하지만 나는 워크숍 대상자인 매니저들이 근 2년 이상을 영업실적을 올리는 데만 매달리다 보니 변변한 교육 한번 제대로 받지 못했다는 사실 등 몇 가지 깊이 있게 고민하고 재해석해보았어야 할 정보들을 챙기지 못했다. 이제 와 고백하지만 당시 나는 '교육이 성공리에 끝나려면 교육생들의 마음을 열어 그들 스스로 적극적으로 임하게끔 유도해야 한다'는 교과서에 적혀 있을 법한 이론만 떠올렸다. 그런 탓에 상호 간의 인간적인 신뢰라고는 눈곱만큼도 형성되어 있지 않았던 매니저들에게, 워크숍 도입부부터 서당 훈장님과도 같은 오리엔테이션을 하는 큰 오류를 범해버린 것이다.

자리를 매운 매니저들은 마치 소 닭 보듯 나를 바라보았다. 시간이 지나도 무덤덤한 시선만 보낼 뿐, 팔짱을 낀 채 웃지도 않았고 미동도 거의 하지 않았다. '어디 네가 얼마나 잘하나 보자' 하고 작심이라도 한 듯 말이다. 설상가상으로 초청한 외부강사마저 매니저들의 가려운 곳을 긁어 주지 못한 채 엉뚱한 이야기만 하면서 귀중한 시간을 날려버렸다.

아니나 다를까. 현장에서의 피드백은 최악이었고, 사무실로 돌아간 매니저들은 나에 대해 혹평을 퍼부었다. 입사한 지 얼마 되지 않았고 이미 오래 전에 세워진 계획이 있었기에 진행하는 데 의의를 두겠다고 안이하게 마음먹은 것이 잘못이었지만, 내 미숙함은 생각보다 훨씬 더 크게 부풀려졌다. 나중에서야 알았지만 그런 기업문화를 가진 조직이었던 것이다. 이 작은 실수를 만회하기 위해 그 후 6개월 이상을 혼신의 힘을 다 쏟아 붓고 나서야 상황을 겨우 호전시킬 수 있었다.

아무리 당신이 전문가라고 할지라도 어떤 조직에 승선하는가에 따라, 이미 몸에 밴 사고방식을 다 버리고 깨끗한 백지 위에서 다시 시작해야 할지 모른다. 그리고 그 판단조차도 당신이 할 수 있어야 한다. 생각해보면 그때 그런 호된 실수를 했던 것이 한창 젊었을 시절이라 결과적으로는 참 잘된 일이었다. 그 뒤에도 몇 차례 이직을 했지만 같은 실수를 되풀이하지 않는 것을 넘어 이미 아는 업무라도 만전을 다하는 태도를 더욱 다질 수 있었으니 말이다.

당신이 새롭게 몸담은 조직은 분명 당신의 화려했던 과거 경력 때문에 당신을 스카우트했을 것이다. 하지만 지난 시절을 자꾸 들먹이며 자기 생각만 고집한다면 예기치 않은 비난을 받게 될 수도 있을 것이다. 새로운 작전과 전술을 사용해야만 할지도 모른다. 그리고 그 전제조건은 말처럼 쉽지는 않겠지만, '일단' 깨끗이 비우는 것이다. 그 상태로 사람을 알고 조직과 조직의 문화를 충분히 이해한 후에 다시 작전을 짜는 것이다.

나는 가끔 내 매니저들에게 스포츠 경기를 예로 들면서 A팀에게 이겼을 때 사용했던 선수 기용과 전술이 B팀과의 경기에서는 전혀 먹혀들지 않을 확률이 매우 높다는 잔소리를 한다. 그 B팀의 코치와 선수들이 프로들이라면, 이미 한번 사용했던 작전이 간파되는 것은 지극히 당연하기 때문이다.

그러니 비우고 새로 시작할 각오를 하라. 옛 이야기를 하거나 자꾸 나를 내세우려고 하지 말고 지금 당신 앞에 있는 사람들을 제대로 이해하려고 노력해보자. 특히 쉽게 알아챌 수 없는 조직 문화를 제대로 알고 이해하는 것이 중요하다. 조직문화란 모든 기업이 가진 저마다의 독특한 성격인데, 정작 그 안에서 오랫동안 생활한 사람들은 자신들의 문화에 대해 의외로 설명을 잘 못한다. 시간을 투자해서 관찰하고 사람들의 의견을 구하고 자신의 통찰력을 가지고 현실 속의 여러 현상들을 재해석해보는 노력 이외에는 사실 뾰족한 방법이 없을지도 모른다.

만남이 있으면 이별도 있는 법이다. 이혼이라는 아쉬움이 있다면 이를 채워 줄 재혼도 있어야 하고, 퇴직이 있다면 당연히 이직도 해야만 한다. 그런데 그 새로운 시작은 젊은 시절에 멋모르고 혈기와 열정만 가지고 저지르던 것과는 사뭇 다르다. 훨씬 어렵다. 그렇다고 피하고 도망치다가는 그 어려움을 이겨냈을 때 맛볼 수 있는 승리의 기쁨과 삶의 보람을 영영 경험할 수 없을 것이다.

재혼은 결코 미친 짓도 불가능한 미션도 아니다. 그러나 옛날을 추억하고만 있다면 허니문 기간이 끝나갈 무렵에 당신은 눈물을 흘리면서 또 한 번의 원치 않는 이별을 준비해야 할지도 모른다. 허니문 기간이 끝날 무렵, "참 잘 선택했구나"라는 말과 함께 입가에 미소를 머금을 수 있는 우리들이 되어보자.

잘 떠나고 '잘' 잘리기 위해 알아두어야 할 것들

잘리는 순간에 꼭 기억해야 할 세 가지

어느 날 평소 친분이 있던 서치펌(헤드헌팅사) 대표로부터 전화가 왔다.

"○○○ 씨와 함께 근무하셨죠? 그 사람 어떻습니까?"

휴대전화에 발신인의 이름이 뜨는 순간 알았지만, 예상했던 대로 용건은 어떤 사람에 대한 내 평가를 구하는 것이었다.

사실 나는 이런 전화를 심심치 않게 받는다. 이른바 평판 조회, 즉 기업이 입사 지원자의 최종 합격 여부를 결정하기 전에 후보자의 이전 상사, 동료, 부하직원 및 관련자 등으로부터 그의 직무 능력, 품성, 태도 등을 전반적으로 체크하는 절차다. 규모가 제법 큰 회사라면 절대 이 관문을 피해갈 수 없다. 특히 관리

자급 이상의 포지션으로 자리를 옮기는 경우라면 그 사람의 '뒤를 뒤지기' 위한 점검의 강도는 상상보다 훨씬 높다. 임원급 정도라면 거의 '벌거벗기는' 수준이라고 보면 된다.

그런데 이런 요청을 받으면 나 역시 사람인지라 치명적인 결점이 있지 않는 한, 새 출발을 하는 직원을 위해 가급적(허위진술을 하지 않는 범위 내에서) 우호적으로 이야기를 해준다.

그러나 그 직원의 경우는 달랐다. 그렇다고 그에 대한 험담을 늘어놓지는 않았다. 내가 경험하고 목격한 사실을 지극히 '객관적'으로 열거해 주었고 판단은 의뢰인에게 맡겼다. 그리고 그 직원은 끝내 그 회사에 입사를 하지 못했다. 내 피드백 직후에 그 직원을 고용하지 않겠다는 결정이 내려졌으니, 사실상 내가 의사결정에 직접적인 영향을 준 것인지 모른다.

그렇다면 재직기간 동안 도대체 그 직원은 어떻게 행동한 것일까? 그는 조직에 대해, 좀 더 정확하게 표현하자면 그가 속한 인사부에 불만이 있었다. 물론 말로 표현한 적은 거의 없었다. 기억해두도록 하자. 때로는 아니 우리들의 생활 속에서 거의 대부분의 경우에 '비언어적 표현'이 직접적인 '언어적 표현'보다 훨씬 더 강하게 각인되곤 한다는 것을.

그는 회사 안의 구(舊)세력이었는데 조직이 계속 성장하고 확장되면서 새로운 멤버들이 들어와서 주목을 받는 것을 달가워하지 않았다. 그러다 보니 신규 멤버들과의 사이에서 업무 협조가 원활하게 이루어지지 않았다. 기본적인 업무 협조가 되지 않는데 인간적인 교류 자체를 기대하는 것은 무리일 것이다. 그래서인지 그는 퇴사를 앞두고 한 달간은 특히 부서 내의 동료들과 말을 섞는 것조차 피했다. 아무리 친하지 않더라도 간단한 송별회 정도는 하는 것이 예의일 텐데, 송별 점심식사조차도 이런저런 핑계를 대면서 외면하더니 그대로 떠났다. 남은 자들의 섭섭함이나 불편함은 극에 달했을지도 모르겠다. 문제는 소위 잘나가는 다른 부서의 임직원 20여 명과는 어떻게든 건수를 만들어 일일이 인사를 하고 갔다는 사실이다.

더 큰 문제는 업무에 대한 뒷마무리였다. 요리조리 피하며 인수인계를 하지 않더니만, 정말 중요한 일들을 끝내 매듭짓지 않고 떠나버린 것이다. 나는 아무런 감정 없이 지극히 객관적인 톤으로 이 '사실'을 의뢰인에게 전해주었다. 직접 목격하지 않았던 사실은 전혀 덧붙이지 않고 말이다.

'잘려서' 회사를 나가든 자발적으로 회사를 떠나든 절대로 놓쳐서는 안 될 두 가지가 있다. 사람들 특히 자신을 업무적으로 둘러싸고 있는 가장 가까운 사람들과의 깔끔한 이별과 일에 대한 열정이 바로 그것이다.

속세를 떠나 산에 들어가 살겠다는 확고한 결심을 했다면 깔끔한 이별이나 아름다운 뒷모습이 무슨 대수겠는가? 하나 사회생활을 계속할 생각이 있다면 사람과의 관계 정리는 정말 매끄럽게 해두고 떠나야 한다. 섣부른 행동으로 그간 쌓아놓은 신뢰를 깨뜨리지 말자.

또 하나, 스스로 프로라고 생각한다면 마지막 순간까지 자기 일에 대한 열정은 포기하지 말아야 한다. 어차피 우리 샐러리맨들의 대부분은 이직을 하더라도 새로운 직장에서 또 비슷한 일을 하게 될 것이다. 회사가 마음에 안 드니까, 동료와 관계가 좋지 않아서, 상사가 보기 싫어서… 그래서 도저히 일할 맛이 나지 않아 대충 해놓고 떠나려고 한다? 그런 행동이 어떤 결과를 가져올지는 굳이 말하지 않겠다. 딱 하나, '일파만파'는 이럴 때 쓰는 말이라는 것만 기억하자.

● '잘' 잘리기 위한 8가지 원칙

우리는 본인의 의사와 상관없이 해고되어 정들었던 직장을 떠나고, 하고 싶은 일을 일시적으로 잃을 수도 있는 상황이 점증하는 세상에서 살고 있다. 그럼에도 나는 윈스턴 처칠이 했던 "해고란 매우 효과적으로 감추어진 하나님의 축복이다"라는 말을 한 번 더 인용하고 싶다. 일자리를 잃는다는 것은 사랑하는 누군가를 잃어버리는 것 이상으로 충격적인 경험이지만 동시에 또 다른 가능성이 될 수도 있다. 즉 어떻게 이를 받아들이느냐 그리고 어떻게 떠나고 '어떻게 잘릴 것인가'에 따라 상황은 180도 달라질 수 있다. 실천하기가 참 어렵기는 하지만 일터 현장의 수많은 사례에서 검증된 '잘' 잘리기 위한 몇 가지 원칙을 전해주고 싶다. 재미있는 점은 자발적인 퇴직 시의 요령과도 일맥상통하는 점이 몇 가지 있다는 것이다.

- **현실을 인정하고 분노하지 마라** : 긴 인생을 살지는 않았지만 분노한다고 문제가 해결되는 것을 본 적이 없다. 또한 그 상황을 억지로 뒤집어보려고 몸부림치거나 엉뚱한 술수를 꾸미지 마라. 설령 재취업이 안 된다 하더라도 바꿀 수 없는 현실을 냉정하게 받아들일 수 있는 평정심만 있다면 일자리를 잃는 그 기간 동안 평소에 놓쳤던 중요한 일들—규칙적인 심신의 단련, 가족과의 관계 회복, 마음껏 독서하기, 충분한 휴식과 체력의 재충전 등—에 집중할 수 있을 것이다. 이야말로 재도전을 위한 최고의 베이스캠프를 구축할 수 있는 방법이다.

- **차라리 많은 사람으로 하여금 연민의 정을 느끼게 하라** : 얼마 전 친한 친구 한 명이 수년간 누적된 업무 실적에 대한 스트레스와 회사로부터 받은 무언의 압력 때문에 자의 반 타의 반으로 회사를 떠났다. 그 과정에서 그는 한 번도 불만의 목소

리를 낸 적이 없었다. 오히려 평정심을 유지하면서 마지막까지 자신의 업무에 최선을 다하는 모습을 보여줬다. 그런데 사방팔방에서 이 친구를 격려하는 메시지가 쏟아졌다. 또한 몇몇 중견기업에서 같이 한번 일해보자는 러브콜을 이 친구에게 보냈다. 시간이 조금 더 지나니 회사가 너무한 것 아니냐는 비판의 목소리가 심심치 않게 들려왔다. 이 상황을 목격하면서 인사업무를 하는 사람의 입장에서 이 친구가 부러웠고, 존경스러웠다. 그놈 잘난 척하더니만, 혹은 매일 '개판'치더니 자알~나갔다는 이야기를 단 한 번도 듣지 않는 이 친구가 완전히 달라 보이는 순간이었다.

■ **최대한 합리적인 명분을 쌓아놓고 나가라** : 거짓말을 하라는 소리는 아니다. 사업을 하든 재취업을 하든 사람들은 당신이 왜 해고되었는지를 자꾸 캐물을 것이다. 아무리 노력해도 해고라는 상처를 완전히 치유하고 포장할 수는 없겠지만 무조건 오로지 당신 한 사람만이 잘못해서 옷을 벗었다는 이미지는 주지 않도록 하자.

■ **가능한 한 시간을 최대한 많이 벌어라** : 상황에 따라 정말 어쩔 수 없이 모든 인사 행정문제를 일사천리로 마무리하고 화급히 회사를 떠나야 하는 경우도 있다. 그러나 치명적인 사고

를 치고 떠나는 경우가 아니라면, 회사에 적籍을 둘 수 있는 시간을 연장시키는 건 충분히 가능하다. 이것이 다음 일자리를 찾는 데 무조건 유리하다고 말할 수는 없지만, 그렇게 할 수 있는 옵션이 있다면 한 번쯤은 회사에 정중히 요청해 보자. 단, 꼼수 부리다 수를 읽히는 실수는 하지 말자.

■ **'밉지 않게' 얻을 수 있는 것을 얻어라** : 냉정을 잃지 말고 행동해서 얻을 수 있는 것(금전적인 것이든 비금전적인 것이든)을 많이 얻어서 나와야 한다. 단 '밉지 않게'. 모든 것은 사람이 하는 일이다. 어떤 준비와 매너로 협상 테이블에 앉는가에 따라 퇴직금, 퇴직 위로금, 복리후생 프로그램의 혜택이 달라질 수도 있음을 명심하라.

■ **마지막까지 도울 수 있는 일은 도와라** : 퇴사를 앞두고 열정과 프로의식을 마지막까지 유지하는 것은 쉽지 않다. 하지만 회사에서 필요로 하는 단기 프로젝트 등에 참여하는 등 마지막까지 업무상의 지원을 계속한다면 훗날 재취업을 할 때 당신은 함부로 할 수 없는 매우 특별한 사람으로 평가될 수 있다.

■ **금전관계 등은 깨끗하게 정리하고 나와라** : 돈 몇십만 원, 몇백만

원 욕심내다 나중에 옛 친정에 하청업체로 일할 수 있는 기회를 보기 좋게 날려버리는 사람을 여럿 봤다.

■ **실력 있는 후배들을 함부로 대하지 마라** : 대인관계를 잘 마무리해야 한다. 언제 어디서 어떻게 다시 만날지 모른다. 특히 한국 사람들은 전통적인 연공서열 때문에 후배들을 함부로 막 대하는 경우가 있다. 명심하라. 그들이 앞으로 회사의 요직을 맡을 사람들이며, 바로 얼마 후에 우리가 고개 숙여야 할 '슈퍼 갑'이 될지도 모른다.

해고 통보까지 받은 마당에 '잘' 잘려야 한다는 말까지 듣는 것이 잔인하게 느껴질지 모른다. 하지만 잘려본 입장에서 그리고 잘라본 입장에서 볼 때 '그냥' 잘리는 것과 '잘' 잘리는 것, 이 한 단어가 주는 차이는 엄청나다. 작은 불씨 하나가 초가삼간을 태울 수도 있고, 어둠을 밝히는 횃불이 될 수도 있음을 잊지 말자. 지금 이 순간 우리는 매듭을 잘 짓고 떠나는 아름다운 이별의 달인이 되어야 한다.

새로운 무대에서 : 실패를 부르는 습관 vs. 성공을 부르는 습관

당신의 골든 타임 최초 90일 Your First 90 Days

동년 친구들에 비해 이직 경험이 많다 보니, 나는 여러 톱클래스의 조직에서 최고의 인재들과 근무하는 행운을 누리고 있다. 새로운 곳으로 합류할 때마다 대부분의 보스와 동료들이 공통적으로 해주는 이야기가 있다. '너무 조급하게 생각하지 말고 하나하나 풀어나가라'는 것이다.

하지만 만일 그들의 조언과 달리 마치 오래전부터 이 조직에서 호흡을 같이 했던 동료처럼 초반부터 한 템포 빠르고 주도적인 모습으로 일을 추진해 나간다면 그들은 어떤 반응을 보일까? 그 반대로 조급하게 굴지 말라는 그 조언을 정말 철저하게 지켜준다면?

박찬호, 류현진, 강정호 선수의 공통점은 초기에 전력투구를 한다는 것이다. 물론 이들의 이러한 초기 집중이 늘 승리를 보장하지는 않는다. 다만 그들의 플레이가 인상적인 것은 그라운드에 들어선 그 순간부터 볼 하나하나에 집중하며 사력을 다한다는 것이다. 그 모습에 감독과 코치는 흡족해하고 팬들은 박수를 보낸다.

　우주공학에서는 우주선이 우주 공간을 100만 마일이나 항해하고 다시 지구로 귀환하는 것보다 처음 우주선을 발사해 지구 중력을 벗어나는 데 훨씬 더 많은 에너지가 든다고 한다. 사람마다 타고난 성격이 있고, 후천적으로 체득화된 업무를 수행하는 행동양식이 다르다. 어떤 이는 스스로를 일컬어 늦게 시동이 걸린다고 해서 '슬로 스타터Slow Starter'라고도 부른다. 꼭 부정적인 것만은 아니다. 하지만 비즈니스의 세계에서 뛰어난 리더는 흔히 부임 90일 안에 조직과 업무를 장악하려는 '의식적인 노력'을 하면서 혼신의 힘을 쏟는다.

　베스트셀러《성공하는 사람들의 일곱 가지 습관》의 저자 스티븐 코비는 "인간은 새로운 행동을 시작할 때에 더 많은 노력과 에너지를 필요로 한다"고 말했다. 우리가 또 다른 새로운 커리어를 시작하고자 할 때에도 동일하게 적용된다. 특히 그곳이 예전에는 경험하지 못했던 다른 새로운 무대인 경우, 새 일터에서 다시 시작해 인정받고 정착하려면 이전보다 더 많은 에너지와 노력을 투입해야만 할지도 모른다. 아니, 이전에는 한 번도 시도하지 않은 색다른 방법의 노력까지 필요할 수 있다. 이미 무의식중에 뿌리내린 과거의 행동양식들, 오래된 가치관과 습관들이 중력처럼 강력한 힘으로 우리를 끌어 내리기 때문이다.

그러니 적어도 새로운 무대 위로 우리가 올라갔다면 '한 방'으로 승부할 기회를 엿보며 그 언젠가를 기다리기보다는 서둘러 초기의 모멘텀momentum을 확보하는 것에 집중하기를 바란다. '초기에 적응하고 장악하는 것'에 승부수를 띄우라는 말이다. 이를 심각하게 여기지 않고 시간을 두고 천천히 적응해도 괜찮을 것이라는 안이한 생각을 하다가 뒤늦게 허둥대는 모습을 많이 봐왔다.

안 보는 척하지만 사람들, 특히 당신의 매니저는 당신이 최초 90일이라는 골든타임을 어떻게 운용하고 있는지를 상상할 수 없이 다양한 채널을 통해 지켜보고 있을 것이다. 신입사원이라면 모를까, 경력이 쌓일 만큼 쌓인 사람이 '들어 온 지 얼마 되지도 않았는데 그냥 천천히 해도 되겠지' 하고 안이한 마음을 먹는 순간, 그것도 부족해 "나는 내 스타일이 있으니 회사가 나를 좀 이해해주고 기다려줘야 한다"는 간 큰 코멘트를 내뱉는다면, 새 경기장에서의 게임은 전혀 원치 않은 방향으로 흘러갈 공산이 크다. 바로 그게 우리가 몸담고 있는 커리어 세계다.

작은 습관 하나가 게임의 흐름을 바꾸기 시작한다

회사를 옮겼음에도 별 생각 없이 늘 하던 대로 일을 하려는 이들
이 분명이 있다고 언급했다. 그렇지만 조금 생각이 있는 경우 새
로운 곳으로 가게 되면 큰 것 한 방 터뜨려보려는 욕심을 내게
된다. 그 마음이 나쁘지는 않다. 우리는 명색이 '프로'들이 아닌
가? 프로가 성적에 욕심을 내는 것은 당연하다. 하지만 초반에
큰 것 한 방 날리려 벼르기보다는 어깨에 힘을 빼고 일단 가볍게
잽을 계속 던져보는 것이 여러모로 훨씬 효과가 크다.

　나처럼 조직을 관리하고 개발하는 일을 전문으로 하는 '선수'
들 사이에서 흔히 레퍼토리처럼 하는 말이 있다. "'무엇What'을
하는 것보다 '어떻게How' 하는가가 더 중요할 수 있다"는 말이
다. 즉, 내가 어떤 능력을 보이는 것 못지않게 더 의미 있게 내부
고객들에게 각인되는 것은 '어떤 태도Attitude와 마음가짐으로 일
을 하는가'다.

　생각해보자. 아무리 머리가 좋고 아무리 실력이 있다 하더라
도 그 모습과 면면이 우리들의 정서를 거스른다면 이를 쉽게 반
기겠는가? 그래서 막 이직했을 때에는 사람과 문화를 이해하고
자 애쓰는 모습이 비즈니스의 모든 것을 꿰뚫으려고 어깨에 힘
을 주는 것보다 훨씬 주위 직원들에게 사랑을 받을 수 있는 것
이다.

별것 아니지만 새로운 무대에서 성공과 실패를 부르는 사소한 습관들을 몇 가지 짚어보도록 하자. 여기에는 나 역시 꾸준히 실천하려고 노력해서 좋은 습관으로 만든 것도 다수 들어있다.

●
성공적인 안착에 도움이 되는 것들

■ **먼저 웃고 먼저 인사한다** : 웃는 얼굴에 침 뱉지 못하고, 먼저 인사 잘 하는 사람이 망하는 것을 아직 본 적이 없다.

■ **초기 3개월 동안은 다양한 계층의 직원들을 많이 만난다** : 보통 나는 내 근무시간의 최소 20퍼센트 이상을 사람을 만나 이야기 듣고 상담해주는 데 할애하는데, 특히 입사 3개월 동안은 점심, 저녁 시간에 혼자 식사해본 적이 없다. 만일 그 시간이 1년 이상 지속되면 직원들이 나를 도와주기 시작한다. 더불어 이런 시간에 조직 내에서 누가 오피니언 리더인지 조심스럽게 파악해보는 것도 괜찮다.

■ **진정으로 경청하는 모습을 자주 보여라** : 진정한 경청은 상대방도 알게 된다. 입이 근질근질하더라도 상대방의 말이 끝나기 전에는 말을 끊고 개입하지 않는 습관을 가져보자.

- **입을 많이 여는 것보다는 지갑을 많이 열어라** : 큰돈 아닌 것, 즉 밥 값, 커피 값 정도는 항상 내가 먼저 내겠다는 마음으로 사는 것이 편하다. 초기에는 입은 많이 잠그고 지갑은 많이 열도록 하자.

- **별것 아닌 것에도 감사 인사를 전하자** : 이메일 인사도 적극 활용하라. 처음에 입사했을 때 사내의 여러 가지 커뮤니케이션 도구를 활용해 직원들에게 '잘 부탁한다'는 요지의 인사를 보내는 것이 좋다.

- **큰 목표에 대해서 보스와 합의하고 직원들과 커뮤니케이션을 하라** : 절대로 혼자서 묵묵히 일하지 마라. 입사 직후 보스가 하는 업무의 우선순위, 특히 걱정거리나 관심사가 무엇인지 파악하고, 정기적인 시간을 두고 같이 진도를 체크해 보도록 하자. 특히 입사 후 30일, 60일, 90일이 경과되었을 때 간단한 보고서와 함께 본인이 느낀 점과 더 추진하고 싶은 부분에 대해 소통하고 직원들과도 공유하는 것은 참 중요한 일이다.

- **도움을 요청하라** : 힘이 들면 합리적인 방법으로 도움을 요청하라. 인상 쓴 얼굴로 뒤에서 불만을 토로하는 것보다는 훨

씬 효율적이다. 필요하다면 회사 안팎의 조력자들을 활용하는 것도 고민해보아라. 차분하게 주변을 둘러보면 나를 도울 수 있는 사람이 분명히 있다.

■ **"나는 이런 사람이다"라는 표현보다는 "우리는 어떤가요?"라는 표현을 더 많이 써라** : 자신이 어떤 사람임을 알려주는 것은 불필요한 오해를 줄이기 위해 분명 필요하다. 그러나 입사 초기에 이것이 주가 되면 바람직하지 않다. 그보다는 내 고객들이 어떤 사람인지 알고, 몸담고 있는 회사의 관행이나 문화가 어떤지에 대해 겸손하게, 진심으로 조언을 구하는 모습이 사람들의 마음을 열게 할 것이다.

■ **피드백을 구하는 것을 두려워하지 마라** : 한국 사람들은 피드백을 구하고 듣는 것을 두려워하고 불편해한다. 정기적으로 피드백을 구하고 부족한 부분을 개선시키려는 노력을 보이는 것은 결코 부끄러운 모습이 아니다.

■ **'소리 없는 영웅'들을 배려하고 챙겨주어라** : 회사의 리셉션에서 근무하는 직원, 보안요원들, 주차장에서 일하시는 분들, 청소하는 분들, 비서 등 음지에서 근무하는 사람들에게 먼저 인사하고 배려하는 모습을 보이자.

- **할 수 있다면 일을 좀 더 하라** : 일을 피하는 것보다는 아예 주도적으로 더 찾아서 하는 것이 더 속 편할 수 있다. 또한 일만큼 이미지 관리에 좋은 수단도 없다. 할 수 있다면 일을 조금 더 많이 해보자.

- **'일과 삶의 균형'의 진정한 의미를 이해해보자** : 일과 삶이 균형 있다는 것은 아침 9시에 출근했다가 저녁 6시에 퇴근하는 것이 절대로 아니다. 일터에서는 혼신의 힘을 다해 일하고, 일과 후나 주말에 확실하게 충전하는 것을 뜻한다. 또한 여분의 삶을 무의미하게 흘려보내는 것이 아니라 건강하고 의미 있게 쓰는 것을 뜻한다. '땡돌이'와 '땡순이'라는 별명이 붙지 않도록 신경 써라.

성공적인 안착을 저해하는 것들, 즉 성공적으로 안착하는 데 도움이 되지 않는 것들은 위의 것과 대부분 상반된 내용이라고 이해하면 쉽다.

●
성공적인 안착에 도움이 '안' 되는 것들

- **웃지도 않고 인사를 해도 잘 받지 않는다** : 직원들이 모여 사담을

나눌 때 의외로 회사에서 웃음이 너무 없고 인사를 하지도, 받지도 않는 직원들을 험담하는 경우가 종종 있다. 일만 잘하면 된다는 생각은 버려라. 웃는 얼굴과 인사성도 능력 안에 포함된다.

■ **표정이 경직되어 있고 늘 우울하거나 화난 표정이다** : 다른 기업의 인사 책임자로부터 연락이 왔다. 내 밑에서 일했던 한 직원이 오늘 자기에게 와서 취업 인터뷰를 보았는데, 탈락시켰다고 했다. 그러면서 내게 정말 진지하게 물었다. "그 친구의 표정이 도대체 왜 그런지 혹시 아세요?" 링컨 대통령도 표정이 경직된 사람은 참모들이 아무리 추천해도 발탁하지 않았다고 한다.

■ **너무 사무실에만 틀어박혀 일한다(현장에 돌아다니지 않는다)** : 입사 초기에는 활발하게 움직이며 많은 사람들과 좋은 관계를 형성해 놓아야 한다. 성공하는 사람 중에 독불장군은 없으며, 회사 업무는(그게 제대로 된 일이라면) 아무리 똑똑해도 절대로 혼자 할 수가 없다. 사무실에만 틀어박혀 있는데 사람들이 당신이 누구인지를 어떻게 제대로 알겠는가?

■ **사람에게 다가가는 것을 두려워한다** : 보스가 돌아다니면서 모든

직원들과 일일이 인사시켜주고 점심, 저녁식사 자리에 매번 '모시고' 다닐 수는 없는 노릇이다. 스스로 찾아가 사귀고 필요한 것을 얻어낼 수 있도록 노력하자.

■ **문지기를 화나게 하고 관중을 불편하게 만든다** : 보스와의 원만하지 못한 관계라든지 내 주변 사람들을 불편하게 만드는 언행 등은 자제하자. 인간적인 신뢰가 완전히 형성되기도 전에 먼저 관계가 틀어져서는 안 된다.

■ **국경선과 방어망을 너무 정확하게 치지 마라** : 활동반경을 자꾸 넓혀야 함에도 불구하고 선을 그어놓고 그 밖으로는 나가지 않으려는 사람이 의외로 많다. 상대방이 당신을 '이용할 수 있는 사람', '쉽게 다가갈 수 있는 사람'으로 생각할 수 있도록 만들어라.

■ **옛날 회사의 기준과 자신의 통념으로 업무를 분장한다** : 이직한 직원의 입에서 가장 많이 나오는 불만이 "이게 내가 할 일인가요?"다. 하지만 '로마에 가면 로마 법을 따라야 한다'는 말의 의미를 되새겨볼 필요가 있다. 불합리하게 모든 일을 떠맡게 되는 상황은 옳지 않지만, 과거의 기준으로 현재 새롭게 시작하는 조직의 일을 판단하려고 하는 것은 경솔하다.

- **옛날 이야기를 자주 많이 한다** : 자꾸 옛날만을 회상하려고 한다면, 빨리 사표 내고 옛날 회사로 복귀하는 것이 서로의 행복을 위해 좋은 일이다.

- **피드백에 너무 민감하다** : 건설적인 피드백은 분명 우리를 성장시킨다. 지나치게 두려워하거나 민감하게 피할 필요는 없다.

이직한 사람이 새로운 조직에 잘 정착해서 나름대로 만족한 커리어를 만들어 가기란 사실 쉽지 않다. 특히 중년의 경력자들은 더 하다. 최근에는 관리자급 이상의 임직원(경력도 많고 몸값도 높은)들의 낮은 정착률이 사회적 이슈가 되고 있다. 하지만 이는 특별한 현상이라기보다 어쩌면 이미 예견되었던 일인지 모른다. 우리는 과거에 비해서 점점 이직이 많아지는 세상에 살고 있지만, 젊은 사람들에 비해 이에 대한 훈련이나 마음의 준비를 제대로 해보지 못했기 때문이다.

일단 '문화'라는 말을 기억하자. 기업은 엄연히 그들만의 독특한 문화를 가지고 생활해가는 공동체 사회다. 새로운 일터로 들어가서 다시 시작하는 우리는 이 사실을 먼저 정확하게 인식해야 한다. 익숙했던 환경을 떠나 새로운 곳에서 새롭게 출발해야 한다면 말이다. 그들 입장에서 우리는 처음에는 낯선 이방인이고 나그네다. 기존의 멤버들도 당연히 노력해야겠지만, 그들의 다양성을 수용하는 것 역시 당신이 잊지 말아야 할 숙제다.

소위 잘나가는 기업일수록, 초일류 기업일수록 자기들만의 독특한 문화가 있다. 그러니 좋은 회사에 가니까 적응하기가 훨씬 수월할 것이라는 '편견'은 애시당초 접어두자. 그렇지만 좋은 뉴스도 있다. 위에서 열거했던 작은 습관들은 의외로 작동이 잘 된다는 것이다. 모든 것이 낯설고 어색했는데 어느 순간 새로운 기업문화라는 파도에 몸을 맡기고 서핑을 즐기고 있는 당신 자신을 곧 발견할 수 있기를 기대해본다.

5 /

세상은 갈 길을 알고
전진하는 사람에게
길을 비켜준다

/

나는 소위 화이트칼라라고 지칭되는 많은 샐러리맨들에게 '프리 에이전트'를 거친 후에 창업하는 것을 꼭 고민해보라고 권해주고 싶다. 어쩌면 프리 에이전트 활동 자체가 기대하지 않은 더 큰 규모의 창업이 될지도 모른다. 최소 1만 시간 이상을 한 분야에 매진해 온 우리 내면에는 인생 후반전을 위한 먹거리가 이미 충분히 축적되어 있다. 다만 이 사실을 인식 못한 나머지, 어떻게 상용화할지에 대해 구체적으로 고민해 볼 기회가 없었을 뿐이다.

인생 후반전을 위한
두 얼굴의 삶

두 얼굴을 가진 사나이

중학교 시절로 기억이 된다. 텔레비전에서 한 미국 드라마가 인기리에 방영되었는데, 제목이 〈두 얼굴을 가진 사나이Incredible Hulk〉였다. 특히 어린 학생들에게 큰 인기가 있었는데 최근에 영화로 새롭게 리메이크되기도 했다.

드라마 스토리는 아주 단순하다. 교통사고로 아내를 잃은 브루스 배너 박사는 어떤 사람들은 위급한 상황에서 초인적인 힘을 발휘해 주위 사람을 구출하곤 하는데 왜 대부분의 사람들에겐 이런 일이 일어나지 않는가를 연구하기 시작했다. 그러던 어느날 본인 스스로 위기의 순간을 접하면서 내면으로부터 분노가 폭발하고, 결국 '헐크'라는 초록색 괴물로 변신해 괴력을 발휘하게 된다는 이야기다.

최근에 이 '두 얼굴을 가진 사나이'를 다시 접하면서 갑자기 뚱딴지같은 생각이 떠올랐다. 나를 포함한 우리 샐러리맨 모두가 '두 얼굴을 가진 사나이'처럼 위기 순간에 본인도 모르게 괴력을 발휘할 수는 없을까? 예측할 수 없고 제어할 수도 없는 경제 불황 속에서 능력 있는 또 하나의 나로 인해 위기를 극복하고, 생각지도 못한 괴력을 발휘해 인생 후반전을 멋지게 일궈갈수 있다면 얼마나 좋을까?

두 얼굴을 만들기 위해 사람마다 몇 가지 다른 옵션을 선택할수 있을 것이다. 그러나 그 옵션을 선택하려면 결국 다시 원점으로 돌아가 나를 잘 연구하고, 내가 처한 여러 상황들을 면밀히 분석해야 한다. 그래야만 내게 가장 적합한 '두 얼굴이 되기위한 방법'을 찾을 수 있다. 브루스 배너 박사가 연구에 연구를거듭하는 과정에서 본인 스스로 무서운 괴력을 발휘하는 헐크가 되었듯(물론 본인은 원하지 않았지만) 말이다. 그냥 남들이 다 하니까, 언론 매체에서 자꾸 겁을 주니까, 단지 '잘리지' 않기 위해이것저것 손을 대는 것은 정말 바람직하지 못하다.

나는 커리어란 회사 안에서는 물론 밖에서도 얼마든지 만들어 볼 수 있다고 생각한다. 즉, 평범한 샐러리맨이더라도 방향만제대로 잡아서 집중하면 진정한 '이중생활자'로 거듭날 수 있다는 것을 보여주고 싶다. 위기 대처능력은 물론 인생 후반전을 위한 로드맵도 확실히 갖고 있는 그런 사람으로 말이다.

물론 내 생각이 정답이라고 강요하는 것은 아니다. 그럼에도 그 원칙과 철학 그리고 그에 따른 접근 방법만큼은 충분히 숙지했으면 좋겠다. 그 하나가 '이중생활에 대한 개념'이고, 다른 하나는 '직장인으로서 어떻게 평생학습과 실무학습을 할 것인가'다.

인생 후반전을 위한 이중생활

당신에게는 또 다른 삶을 살고 있는 당신이 있는가? 퇴근 후 주말, 아니면 점심시간만이라도. 커리어 관리에 성공한 대부분의 사람에게는 잘 짜인 이중생활이 있다. 대강 보내는 것이 아니다. 그야말로 철저한 이중생활이다. 현직의 근무시간에 최선을 다하고, 더 나은 내일을 위해 퇴근 후 혹은 주말에 또 다른 일에 최선을 기울이는 것. 그것이 내가 말하는 이중생활이다.

잊을 만하면 나 자신에게 그리고 가까운 친구들에게 "나는 두 개의 직업을 갖거나 두 개 이상의 직업을 갖고 싶은, 그래서 철저하게 이중생활을 하는 사람"이라고 강조하며 나태해지려는 나 자신을 다잡곤 한다. 오해는 없었으면 한다. 여기에서 말하는 이중생활의 정의는 드라마나 영화에서 등장하는 부정적인 의미가 아닌, 건강하고 부끄럽지 않게 모든 것을 불사르는 삶이니까.

우선 나는 한 미국의 다국적 기업의 시니어 임원이다. 부끄럽지 않게 회사를 위해 충성을 다한다. '대충'이라는 단어는 내 사전에 없다. 업무에 대해서만큼은 질적이든 양적이든 어느 누구에게도 뒤지고 싶지 않다. 일을 하느라 가끔은 점심을 거르기도 하고, 좋은 성과를 만들어 내지 못할 때는 죄책감에 시달리며, 무엇보다 하루 한 번은 내가 믿는 신에게 회사의 더 큰 성공을 간구한다.

하지만 나는 또 다른 직업이 있다. 두 번째 직업의 근무시간은 매일 일과 후 그리고 토요일 오전에서 저녁식사 전까지다. 이 시간에 나는 또 다른 고용주인 '나' 자신을 위해, 또 '심하게' 충성하면서 일한다. 이때는 주로 책을 읽거나, 읽은 책을 정리하거나, 정기적으로 인사 관련 전문 잡지 등에 기고할 글을 쓴다. 또한 한 달에 두 번 정도 청년들을 대상으로 코칭이나 멘토링을 통해 재능 기부를 한다. 몇 년 전부터는 크게 히트는 못하더라도 짬짬이 쓴 글을 모아서 책을 내고 있다. 간혹 강연에 와달라는 요청을 받기도 하는데, 이 역시 일과시간 이후 혹은 휴가를 이용해 응한다는 원칙을 고수하고 있다. 누구 못지않게 미래를 위한 총체적인 자기계발에 애를 쓰는 나이지만 회사 안에서 괜한 구설수에 오르고 싶지 않기 때문이다.

사실 두 번째 직업은 아직 경제적인 혜택을 가져다주지는 못한다. 그러나 이러한 일들이 회사 안팎에서의 진정한 경쟁력을 배가시킴은 물론 먼 훗날 나를 먹여 살리는 원동력이 될 것임은 자명하다. 여기에는 추호의 의심이 없다. 그렇기에 더 열심히 이중생활을 하는 것이고, 이중생활이 지속될수록 나에 대한 자신감이 자꾸 커지게 되는 것이다.

나를 샐러던트로 거듭나게 했던 학습조직

언젠가부터 '샐러던트'라는 말이 유행하기 시작했다. 직장에서 급여를 받는 사람을 의미하는 샐러리맨과 공부하는 학생을 뜻하는 스튜던트의 합성어인데, 이제 점점 더 많은 직장인들이 직장에서 일하는 것 이상의 무언가를 하지 않으면 부족함을 느끼고 불안해하는 시대가 되었다는 방증이다. 또한 진정한 프로들의 세계에서는 학교 졸업하면 공부는 끝이라는 말이 통하지 않는다는 것을 입증시켜주는 현상이기도 하다.

샐러던트라고 하면 출근 전이나 퇴근 후에 학원을 다니거나, 대학원에 진학하는 것 정도로 생각하는 경향이 있다. 그러나 그저 시대적인 조류 때문에, 단순히 친목을 도모하기 위해, 또 마음속 허전함이나 불안감을 없애기 위해서가 아닌, 진짜 성공적인 커리어 관리에 보탬이 되는 샐러던트를 꿈꾼다면 보다 체계적인 접근이 필요하다.

우선 마음속에서 당신을 뜨겁게 달구는 동기를 찾고, '좋은 사람들과 함께 전문가가 한번 되어보자'라는 마음가짐으로 시작해보자. 그런 후 객客이 아닌 주인이 되어 커뮤니티의 중심에 서도록 하라.

무늬만 샐러던트인 사람들은 결국에는 '죽도 밥도 아닌' 결과를 얻을 수밖에 없다. 그러나 이 두 가지 원칙을 가지고, 적어도 한두 개의 학습조직에 꾸준히 나가면서 성실하게 배움과 나눔을 실천한다면 나와 조직의 성장은 물론 미래에 대한 혜안과 통찰력을 충분히 얻을 수 있을 것이다.

그런 의미에서 내가 13년 이상 몸담고 있는 '한국 인사전문가 모임HRPA: Human Resource Professional Association'은 진정한 샐러던트를 꿈꾸는 많은 이에게 시사점을 던져준다.

이 모임은 내게 전문가로서의 성장과 성공이라는 선물을 주었고, 열정을 가진 사람들과의 어울림 속에 좋은 자극제가 되어주었다. 나를 포함하여 과장으로 만났던 창립멤버 여섯 명 가운데 네 명은 굴지의 대기업 내지는 다국적 기업의 임원이 되었고, 두 명은 역량 있는 사업가로 성공적인 변신을 했다. 즉, 우리 모두는 단순히 명함에 적힌 타이틀이 아닌, 한국 인사업계에서는 이름을 대면 다 알 수 있는 전문가가 되었다. 단순히 친목도모 식으로 시간을 때우거나 뜬구름 잡는 식의 공부를 했던 것이 아니라, 각 기업의 실제 사례를 중심으로 한 여러 케이스 스터디를 함으로써 전문가로 거듭나는 기초를 다질 수 있었다.

그러나 눈에 보이는 성과보다 더 중요한 것은 이 같은 과정을 통해 인생의 후반전을 뛸 수 있는 체력을 기르고, 직장이 아닌 '직업'을 갖게 되었다는 것이다. 이제 우리는 인사 실무와 관련된 칼럼 기고나 외부 강연이 있을 때면 1순위로 초청받는 전문 인력이 되었고, 자연스럽게 몇몇 학회와 실무적인 학문을 중심으로 교류를 하기 시작했다.

직장에서 우리는 최선을 다해야 한다. 업무에 집중해서 최고의 성과를 올려놓아야 한다. 하지만 그와 동시에 조금은 벅차겠지만, 앞으로 남아 있는 30~40년의 경제활동 후반전을 위해 또 다른 비즈니스 영역과 무기의 개발을 시작해야 한다.

언젠가 잘 알고 지내던 교수님 한 분이 하신 말씀이 떠오른다. "학생들이 수업 후나 방학 중에 무슨 일을 하는가를 유심히 관찰해 보면 그 학생이 우등생이 될지 아닐지, 졸업 후 취업 때문에 고생할지 말지를 충분히 예상할 수 있다."

샐러리맨들도 마찬가지다. 샐러리맨이 일과 후 어떤 시간계획을 가지고 있는지를 눈여겨보면 이 사람의 향후 커리어가 어떻게 만들어질지 십분 예측할 수 있다. 어찌됐든 우리는 현직에서 살아남아 있다고 긴장을 풀어서는 안 되며, 예측할 수 없는 내일을 준비해야 한다.

우선 현재의 직장에서 잘하자. 그렇지만 그 직장이 우리를 지켜줄 수 있는 건 수년뿐이다. 굴지의 기업 최고경영자로 은퇴를 할 수 있다면 정말 좋겠지만, 그런 실낱같은 가능성에 올인하지는 않았으면 한다. 이미 우리는 또 다른 이중생활을 준비할 수 있는 필요충분조건을 모두 갖추고 있으니 말이다.

다음 목적지로 가는 중요한 열쇠, 인적 네트워크

착한 투자 그리고 최대의 수익률

어느 날 점심식사 후 회사 근처를 거닐다 무심코 바라본 한 건물 현수막에서 의미 있는 시 한 편을 발견했다.

사람이 온다는 건
실은 어마어마한 일이다.
그는 그의 과거와 현재와
그리고 그의 미래와 함께 오기 때문이다.
한 사람의 일생이 오기 때문이다.

— 〈방문객〉, 정현종

우리가 늘 중요하다고 입에 침이 마르도록 강조하는 '인맥'의 의미, 그 함축성을 다시 한 번 생각해보게 하는 시구가 아닌가 싶다. 인적 네트워크를 잘 구축하는 것은 영역 간의 모든 경계가 무너지고 다변화되는 세상에서, 그리고 그에 따라 고용시장 안에서도 산업 간의 교류와 융합이 가속화되는 세상에서 개인의 커리어를 다음 목적지로 연결해주는 데 매우 의미 있는 열쇠임이 분명하다. 기업의 인사 책임자로서 채용의 현장에 있는 나는 거의 매일 이것을 체감하고 있다. 얼마나 많은 인력들이, 특히 관리자 이상의 시니어들이 인적 네트워크를 통해 계속해서 또 다른 일자리를 얻는지를 안다면 무척 놀랄 것이다. 또 얼마나 많은 인력들이 그들이 무심코 만들어 놓은 '안티 팬'들의 촘촘한 인적 네트워크에 의해 자신의 타이틀에 흠집을 내고 다음 커리어의 기회를 놓치고 있는지를 알게 된다면 놀람을 넘어 적지 않은 충격을 받을지도 모르겠다.

그런 현상들을 비즈니스의 현장에서 늘 목격하는 나 역시 인적 네트워크를 구축하고 확장하는 데 생각만큼 신경을 쓰지 못하고 있는 것은 아닌가, 하는 자책을 불현듯 하게 된다. 돌이켜보면 사실 내가 크고 작은 인적 네트워크의 위력을 체험하고 그로부터 혜택을 보기까지는, 무언가 대단하고 특별한 것을 했던 건 아니다. 다만 조금 더 시간을 쓰고 조금 더 작은 관심과 배려를 보인 것뿐이다. 하지만 그 혜택은 기대 이상이다. 생각하지 않은 좋은 선물을 불현듯 받는 느낌이랄까?

앞에서도 언급했지만 커리어를 만들어 가는 것은 하나의 게임이다. 인생이 걸려 있기에 멈출 수 없고 긴장을 늦춰서도 안 되는 게임. 그래서 때로는 전쟁처럼 치열한 혈전이 되기도 한다. 게임에서 이기는 방법에는 여러 가지가 있을 것이다. 물론 출중한 실력으로 압도해서 이기는 것이 절대 원칙이지만 인생이라는 게임에서, 특히 그 인생의 무대에서 펼쳐지는 커리어라는 게임에 있어서는 그것만이 능사가 아니다.

출중한 실력 이상으로 핵심적인 전술이 있는데, 그것이 바로 인적 네트워크다. 실수를 하지 않고, 약속을 잘 지키며 적을 만들지 않는 것이다. 알고 보면 지극히 상식적인 것인데 우리는 너무 쉽게 이런 것들을 놓치는 경향이 있다.

"누구든 함부로 대하지 않는다."

인적 네트워크 구축에 대해서 그래도 다른 사람보다는 조금 더 고민하고 신경 쓰는 내가 삶의 제1 원칙으로 삼는 것이다.

나 같은 무명작가(작가로서는 분명히 무명이다)가 연줄 하나 없이 출판계의 불황에도 불구하고 사비 한 푼 들이지 않고 지난 10년간 다섯 권의 책을 낼 수 있었던 것은 결코 평범한 일이 아닐 것이다. 그런데 그 출발점은 어느 작은 기업에서 근무하는 생면부지의 여직원과의 만남이었다. 그것도 책과는 전혀 관련 없는 작은 강연회에 나간 것이 계기가 되어서.

그녀는 강연의 이런저런 행정적인 준비와 뒤처리를 맡아주었는데, 그날 강연이 자신에게도 필요하다고 생각되었는지 강연 내내 열심히 청강하는 모습을 보여주었다. 젊은 친구가 참 열심히 사는구나 싶어 내게도 좋은 기억으로 남았는데, 한참이 지난 후에 연락이 왔다. 책을 내 볼 생각이 없느냐는 것이었다.

얘기인즉슨 출판계의 아는 지인으로부터 커리어 관련한 책을 기획하자는 제의를 받았는데, 본인에겐 부담스러워 거절하려던 차에 얼마 전 들었던 강의가 떠올랐고, 내가 적임자라는 생각에 자기 대신 나를 적극적으로 추천했다는 것이다.

나는 지난 20여 년의 커리어 여정에서 이런 비슷한 일들을 숱하게 경험했다. 그런 탓에 '누구든 함부로 대하지 않는다'는 이 원칙을 계속 지켜나갈 수밖에 없다. 평범한 사람, 심지어 무언가 조금 부족해 보이는 사람 뒤에 겹겹으로 숨어 있는 엄청난 파워 인맥의 가능성을 간과하지 않는 것이다.

전 회사에 갓 입사했을 때 부진한 성과로 인해 오랫동안 회사와 각을 세우고 대립을 하고 있었던 중견 매니저 한 명이 있었다. 갈 때까지 간 상황이었다. 이 책의 기준으로 설명하자면 커리어 위기에 몰린 중년의 가장이랄까. 나는 새로 부임한 인사담당 임원이고, 그 사람 입장에서 인사부는 그리 친근하지 않은 조직이었다. 이미 회사를 나갈 결심을 굳힌 상태인데 평소에 교류가 없던 인사부 사람(그것도 부임한 지 얼마 되지 않은)과 가깝게 지내는 것이 그렇게 의미 있는 일은 아니었으리라. 아니 내키지 않았을 수도 있다. 나라는 사람이 괜찮은지 여부를 떠나서 말이다. 하지만 금방이라도 회사를 그만둘 것 같았던 그가 회사를 나가는 데까지는 그로부터 1년 넘게 걸렸다.

그런데 사람의 계획이라는 것이 마음먹은 대로 되지 않는 경우가 허다하다. 회사와 싸워서 적지 않은 위로금을 챙겨 호기롭게 나갔건만 취직이 쉽지 않았다고 한다. 그는 번번이 미역국을 먹었다. 미역국도 젊었을 때 많이 먹어보아야 약이 되지 '5학년'이 넘어서 자꾸 먹는 미역국은 사람의 피를 마르게 한다. 회사에서 받은 두둑한 위로금을 거의 소진했을 무렵 한 괜찮은 회사와의 인터뷰 진행이 상당히 진도가 나가서 최종 관문, 파이널 라운드 인터뷰까지 가게 되었다. 회사 입장에서는 마지막 당락 여부만 결정하면 되는 순간이었다.

그 회사의 인사 책임자가 내게 전화를 걸었다. 공교롭게도 그는 평소에 조금 알고 지내던 친구였다. 나는 쉰이라는 나이가 넘은 이 중년의 가장이 순간 측은하게 느껴져서 나름 열심히 이야기를 해주었다. 아니 이제서야 고백하자면, 나는 거짓말을 했다. 사실 그 사람은 1년 이상 나와 같은 사무실에서 지내면서도 제대로 인사를 하거나 말을 섞어본 적이 단 한 번도 없었다. 그런 그를 위해 무슨 이야기를 자신 있게 해줄 수 있단 말인가. 내가 아무리 열심히 그에 대해 좋은 이야기를 해주었다한들, 상대방이 이를 못 알아챘을 리 없다. 그 뒤에도 그가 계속 취업이 되지 않고 있다는 안타까운 소식만 접했을 뿐이다.

이따금 내게 귀한 조언을 해주는 멘토로부터 이런 이야기를 들었다.

"고수들은 만남을 소중히 한다. 반면 하수들은 만남을 차별한다. 저 사람을 언제 또 보겠어, 라는 식으로 대한다. 그런데 사람 일은 절대 그렇지 않다."

그렇다. 사람 일은 절대 그렇지 않다. 그러니 꺼진 불도 다시 보자. 그리고 옆에 있는 사람에게 조금만 더 신경을 써보자. 아니 적어도 원수는 만들지 말자.

인적 네트워크가 당신에게 가져다 줄 선물

몇 개월 전 미국 본사에 출장을 다녀왔다. 최근 1년 내에 입사한 주요 임원을 대상으로 리더십 오리엔테이션이 열렸는데, 나를 비롯해 각 지사의 새 임원들이 한자리에 모였다.

가끔 해외 출장을 갈 때면, 특히 비즈니스 미팅을 하거나 교육 과정에 참석할 때면 이따금씩 '참 다르구나' 하는 생각이 든다. 그들이 우리보다 뛰어나다는 이야기가 아니다. 다만 우리와는 참 다른 관점에서 접근하고 우리가 생각을 못하고 있었던 포인트를 중요하게 부각시키면서 그에 대해서 의식적인 노력을 해 달라고 요청을 하는 경우가 있는데, 이번 출장이 바로 그런 시간 이었다. 오가는 시간을 빼고 나면 실제 교육과정은 1.5일, 즉 하루 반이었다.

그런데 그 짧은 시간 동안 각 지사의 요직을 맡은 임원들을 모아놓고 했던 교육의 핵심은 다름 아닌 네트워킹의 중요성이었다. 저명한 대학 교수를 초청해 네트워킹에 대해 2시간 동안 강의를 했고, 쉬는 시간 틈틈이 서로 잘 모르거나 상대적으로 대화를 나누지 못한 사람들과 네트워킹을 하면서 서로를 좀 더 이해하는 시간을 가질 것을 적극적으로 유도했다.

그 강의의 요지는 조직 내에서 좋은 성과를 내고 더 효과적인 리더십을 발휘하려면, 더 나아가 우리 각자가 더 성공적인 커리어를 만들어가려면 회사 안팎에서 좋은 인적 네트워크를 적극적으로 구축하고 활용할 수 있어야 한다는 것이었다. 신선한 충격을 받은 시간들이었다. 알고는 있지만 정작 실천은 못하는 것, 실생활에선 거의 신경도 쓰지 않는 것에 몰입하는 그 모습은 사실 낯설기까지 했다.

오로지 좋은 실력만 있으면 되고, 사람 사귈 시간이 있으면 차라리 한 푼이라도 더 벌어오자는 분위기가 지배적인 우리에 비해 그들은, 세계경제를 움직이는 미국이라는 나라는, 그것도 세계 굴지의 기업으로 인정받는 기업에서 그토록 인적 네트워크의 중요성을 강조하고 있다는 것은 한 번쯤 생각해봐야 할 문제가 아닐까.

거창하지는 않지만 커리어 관점에서 우리가 생활 속에서 놓쳐서 안 될 몇 가지를 이야기해보고 싶다. 이것만 잘해도 커리어의 성공에 절반 이상 다가가리라 확신한다.

첫째, 주변 사람을 제대로 보고 조금 더 신경쓰자. 앞에서 잠깐 언급한 '누구든 함부로 대하지 않는다'도 결국 이와 같은 맥락이다. 주변에 누가 있는지를 한 번 더 보고, 조금 더 신경 쓰고, 어떤 이가 지금 조직 내에서 날개가 꺾였다고 해도 함부로 대하지 말자. "꺼진 불도 다시 보자"라는 말은 초등학교 미술시간에 화재 예방 포스터를 그릴 때만 쓰는 구호가 아니다.

둘째, 인맥 노트와 지도를 만들자. 엑셀 프로그램 기능을 활용해도 좋고, 명함관리 프로그램을 설치해 작성해도 좋을 것이다. 휴대전화에 저장된 번호와 그동안 받은 명함 등 내가 알고 있는 사람들을 한번 쭉 정리해보는 것이다. 이름, 소속, 직책, 나이, 성별, 어디서 만났는지, 특기, 취미, 숨어있는 재능, 나와 비즈니스와 직간접적으로 연결될 수 있는 포인트, 그리고 그의 관심사항과 내가 도움을 줄 수 있는 부분 등을 테이블이나 마인드맵 등을 활용해 정리해본다면, '구슬이 서 말이라도 꿰어야 보배'라는 속담의 진정한 의미를 깨칠 수 있을 것이다.

이때 회사 사람들을 비롯한 내 주변 사람들의 인맥 지도를 그려보는 것도 놓치지 말자. 직원들의 인적 연결고리를 그려보는 것을 시작으로 내 가까이에 있는 사람들을 그룹별로 분류해보는 것이다. 주요 비즈니스 관련 영역별로 전문적인 지식을 공유해 줄 수 있는 그룹, 코칭이나 멘토링을 해줄 수 있는 그룹, 업계 소식 등을 알려줄 수 있는 그룹, 정치적으로 긍정적인 영향력을 행사해 줄 수 있는 그룹, 그리고 내게 육체적으로나 정신적으로 에너지를 충전시켜줄 수 있는 그룹을 정리해보자. 한번 찬찬히 정리를 해보는 것만으로 내가 그동안 주변의 수많은 전문가들을 썩히고 있었다는 것에 대해 반성하게 될 것이다.

셋째, 일주일에 한 번 정도는 나와 다른 분야, 다른 부서에 있는 사람들과 점심을 먹든 저녁시간을 함께 보내든 하면서 새로운 시각을 얻고, 내가 모르는 세상이 어떻게 돌아가고 있는지를 바라볼 수 있는 시간을 갖자. 나 역시 이 부분은 상당히 신경을 쓰는데, 그렇게 큰돈이 아니라면 점심이나 저녁 값은 우리가 부담하자. 훗날 최소한 배의 가치가 되어 돌아올 것이다.

넷째, 한두 개 정도 회사 밖의 건전한 커뮤니티에 가입해 활동하자. 내 경우는 크게 세 개 그룹이 있다. 등산 등 운동을 하는 그룹, 인사 관련 학습을 하는 그룹, 또 하나는 다른 지적 도전을 받거나 인생 전반을 돌아볼 수 있는 조언을 받는 그룹이다. 세 가지 모두 매우 유용하다. 이때 중요한 것은, 할 수만 있다면 이러한 커뮤니티에 일단 들어가게 되면 객客이 되지 말고 그 중심에서 이끌어가고, 또 사람들에게 받기보다는 먼저 줄 수 있는 기회를 만들도록 노력하는 것이다. 모름지기 사람 사이에서 발생하는 모든 결과물은 내가 얼마나 노력하느냐에 따라 그 차이가 확연한 법이다.

다섯째, 새로운 사람을 만나면 그 사람의 기억에서 우리가 사라지기 전에 바로 메시지를 보내도록 하자. 모임 등에서 새로운 사람을 만났을 때, 그 사람과의 좋은 인연을 계속 유지하는 데 가장 좋은 방법은 헤어지고 난 후 24시간 이내에 짧게라도 이메일이나 문자메시지로 인사를 전하는 것이다. 만나서 반가웠고, 귀한 인연에 감사를 드리며, 가끔씩 연락을 하면서 서로 좋은 도움을 주었으면 좋겠다는 톤의 메시지라면 아주 훌륭하다. 소위 윤활유를 적당하게 치는 이런 노력 없이 어느 날 불현듯 연락을 해서 도움을 달라고 했을 때, 웃으면서 적극적으로 도움을 줄 수 있는 가슴 넓은 사람은 많지 않다.

끝으로, 너무 인터넷 등의 사이버 공간이나 디지털 기기에 의존하지 않았으면 한다. SNS상에서의 친구가 아무리 많다 한들 그 교류가 가상세계 안에서만 이뤄진다면 무슨 의미가 있겠는가? 아무리 세상이 편리해지고 모두가 사이버 공간에서 연결되고 있다고는 하지만 아직도 진정한 인적 네트워크의 파워는 오프라인상에서 이루어지고 있음을 잊지 말자.

참으로 기쁘고 다행스럽지 않은가? 이렇게 우리의 성과를 높여주고 커리어 인생을 더 성공적으로 만들면서 윤택하게 해줄 수 있는 인적 네트워크를 구축하는 데 그리 특별한 재주가 필요하지 않고, 큰돈이 들어가지 않는다는 것이. 조금의 끈기와 정성, 그리고 사람마다 다를 수는 있겠지만 숫기 없는 자신을 극복하는 약간의 의식적인 노력이면 충분하다. 늦지 않았다. 지금부터라도 인적 네트워크의 바다에 푹 빠져보도록 하자.

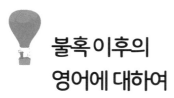

불혹 이후의
영어에 대하여

●
왜 중년의 아름다운 반격을 꿈꾸지 않는가

한 점의 거짓 없이 고백할 수 있는 사실이 하나 있다. 나의 영어
실력은 불혹不惑 중반 이후에 본격적인 성장곡선을 그리기 시작
했다는 것이다. 그것도 아주 또렷한 성장곡선을.

영어. *ENGLISH*. 여전히 많은 샐러리맨이 이 단어 앞에서 한
숨을 짓고 한없이 작아진다. 우리 인사부에서 나를 포함한 극소
수의 몇 사람을 제외한 절대 다수의 직원들은 모두 해외 어학연
수를 다녀왔거나 미국에서 학위를 받은 이들이다. 그럼에도 완
전한 원어민Native speaker을 제한다면 그들 역시 여전히 영어에
대한 적지 않은 스트레스를 안고 살아가고 있다.

사람들은 영어가 번번이 우리를, 특히 우리 커리어가 새로운

전기를 마련하거나 발전하려는 단계에서 발목을 잡는다고 말한다. 일견 고개 끄덕여질 수도 있지만 이는 정확한 표현이 아니다. 영어가 발목을 잡고 운신의 폭을 좁히는 것이 아니라, 영어 능력으로 인해 그런 일들이 충분히 벌어질 수도 있다는 것을 예견했음에도 별다른 의식적인 준비―아주 작은 생활 속에서의 변화조차―를 하지 않고 넋을 놓고 있었다는 '사실'이 우리들의 발목을 잡게 되었다는 것이 정확한 표현일 것이다.

어쩌면 영어를 모국어로 사용하는 나라에서 태어나지도 않았고, 그렇다고 부모님 잘 만나서 머리가 '말랑말랑'한 어린 시절에 외국으로 건너가 조기교육을 받은 것도 아닌 사람들이 필연적으로 이 글로벌 시대에 오랜 기간, 아마도 영원히 짊어지고 가야 할 '운명의 숙제'가 바로 이 영어문제가 아닌가 싶다. 샐러리맨 모두가 무조건 영어를 잘할 필요는 없지만, 적어도 글로벌 무대에 선 '화이트칼라'라면 이 인재 전쟁의 세상에서 영어로 의사를 표현하고 비즈니스를 할 수 있다는 것이 개인의 생존지수는 물론 경쟁력을 높여준다는 점을 인정하지 않을 수 없다.

특히 불혹의 나이를 넘기고 있다면 더욱 그렇다. 상대적으로 영어에 익숙한 젊은 층이 아닌 중년 직장인이 영어를 능숙하게 구사할 수 있다는 것은, 고용시장에 선 '나'라는 브랜드에 희소성을 더해줄 수 있기 때문이다. 해외유학은 고사하고 그 흔한 어학연수조차 경험하지 못한 중년들의 아름다운 반격은 시장의 주목을 받기에 충분하다.

나는 영어 때문에 누구보다 가슴앓이를 한 경험이 있다. 그런 내 영어 극복기는 영어 콤플렉스에 빠진 모든 샐러리맨들에게 늦었다고 생각하는 순간이 가장 빠른 때일 수도 있다는 교훈과 함께, '영어 학습 포기'라는 메뉴는 애당초 우리들의 커리어 마스터플랜에 절대 설치해서는 안 될 악성코드라는 것을 상기시켜 줄 것이다.

●

결국 영어는 커뮤니케이션 – 작은 모멘텀부터 쌓아라

나는 30대 후반까지 영어학원 근처에도 가본 적이 없다. 물론 영어와 담을 쌓고 지내는 불량학생은 아니었지만, 영어에 흥미를 잃기 시작한 고교 입학 이후에는 딱 최소의 기본기만 했다. 굳이 학창시절의 내 영어 수준을 밝히자면 중간을 약간 웃도는 정도랄까?

그런데 지금은 영어를 꽤 하는 편 같다. 아주 잘하는 것은 아니지만 다국적 기업에 다니면서 영어 때문에 비즈니스를 망가뜨린 적은 없으니 조직이 요구하는 영어 구사 수준은 패스한 셈이다. 언제부터인가는 함께 비즈니스를 하는 외국인 친구들에게 "너 영어 어디에서 배웠니?"라는 질문을 받기 시작했다. 외국에서 단 한 번도 외국어 공부를 한 적이 없는 내 백그라운드를 다 아는데, 영어로 곧잘 말을 하니 궁금하기도 하고 칭찬도 해주고 싶어서 그렇게 묻는 것이다.

이쯤 되면 절대 다수의 사람들은 내게 이런 질문을 한다. "영어 공부를 어떻게 하셨어요?"

사실 이 질문은 내가 가장 받기 싫어하는 질문 가운데 하나다. 대학생들에게 멘토링을 해줄 때에도, 커리어 위기에 빠진 샐러리맨들에게 코칭이나 상담을 할 때에도 질문의 90퍼센트는 영어 공부에 대한 것이다. 영어 때문에 오죽 스트레스를 받았으면 그럴까 싶으면서도, 앞뒤 가리지 않고 오로지 영어만 잘하면 모든 문제가 풀릴 것 같은 착각에 빠진 마인드 세트가 나는 너무 싫다. 그리고 숱하게 많은 사람을 겪어봤지만 영어 공부를 하는 방법이 틀려 영어가 늘지 않는 사람은 아직까지 만나본 적이 없다. 영어가 생각만큼 늘지 않는 건 의식적이고 꾸준한 노력 그리고 절박함이 없었기 때문이 아닐까?

아무튼 분명한 것은 불혹이라는 나이 이후에도 영어는 충분히 늘 수 있다는 것이다(실제 영어교육 전문가들에게도 몇 차례 들었고 내가 바로 산증인이기도 하다). 물론 학창시절의 성장 속도를 기대하지는 못할 것이다. 그러나 분명히 하면 늘게 마련이고, 요모조모 따져 봐도 해두면 참 요긴한 무기가 영어이니 포기하지 않았으면 한다.

그러나 대다수의 사람들에 의해 확실히 검증된 '용두사미'가 되는 길은 피했으면 좋겠다. 무턱대고 학원에 등록하고, 덥석 좋은 교재 사놓고, 또 동료들 따라 사내 강좌에 등록하는 정도의 '신경안정제' 주사는 일시적인 위안 외에는 효과가 없을 것이다. 물론 전혀 안 하는 것보다는 낫겠지만. 꼭 해주고 싶은 충고는 제도권 내 학습법이나 대중이 몰리는 유행하는 학습법에서 벗어나 일상에서 나만의 작은 모멘텀, 작은 승리를 만들어 보라는 것이다.

거의 바닥을 쳤던 내 영어 실력이 회복될 수 있었던 것은 대학 3학년 때 만났던 J선배와의 약속을 끝까지 지켰던 것이 첫출발이었다. 영어, 중국어, 일어 등 3개 국어를 자유자재로 구사했던 J선배는 육군 장교로 최전방에서 군복무를 했다. 영어 공부에 대한 남다른 열정을 가졌던 그 선배는 영어에 대한 감각을 잃지 않으려고 당시 영어 때문에 고민에 빠졌던 나를 이용했다. 내게 한 달에 한두 번 정도 《타임지》를 보내달라고 부탁하면서 조건을 달았다.

"네가 읽고 독해를 한 부분만 보내라. 공부한 것이 없다면 굳이 내게 보낼 필요가 없다."

아마도 그 선배는 별 기대 없이 그런 말을 했을 것이다. 하지만 나는 오기로 1년 동안 매달 두 번 이상은 독해를 완료한 섹션을 등기우편으로 보냈다. 물론 대학을 졸업한 후 영어를 계속해서 진득하게 공부하지는 못했지만, 당시 뿌려놓았던 씨앗이 결코 바람에 날아가지는 않았다는 것을 훗날 느낄 수 있었다.

영어책을 다시 펼쳐보기 시작한 것은 첫 직장에서 대리로 진급한 직후였다. 당시 몸담았던 현대백화점은 현대그룹 계열사에서 영어 성적이 거의 최하위권이어서 영어 공부를 하게끔 만드는 자극제 같은 것은 주변에 전무했다. 그런데 그때 왜 그랬는지는 잘 모르겠지만, 어떻게든 다국적 기업에서 제2의 커리어를 만들어 보겠다는 마음이 생겼다. 그래서 방향도 모른 채 발품을 팔아가면서 좌충우돌 다국적 기업의 문을 두드리기 시작했다. 무려 근 3년 동안을. 즉 3년 가까이 되도록 나는 단 한 번도 입사 합격통지서를 손에 넣지 못한 채 주야장천 고배의 미역국만 먹고 있었다.

그러나 그 3년간 먹은 미역국 덕에 취업영어에 서서히 눈을 뜨게 되었다. 나만의 컬러가 있는 영문이력서를 어떻게 작성해야 하는지, 인터뷰 영어는 어떻게 준비해야 하며 실전에서 어떤 식으로 반응하고 질문을 해야 하는가에 대해서, 낙방의 잔혹사가 깊어질수록 나만의 차별화된 노하우 역시 귀하게 축적되었던 것이다.

그러나 뭐니 뭐니 해도 가장 큰 전환점은 2006년 가을, 중국 상하이에서 100여 명이나 되는 서양인들 앞에서 1시간 동안 강의를 했던 믿기지 않은 사건이었다. 그 당시 나는 바이어스도르

프라는 독일 다국적 기업의 한국지사에서 근무하고 있었는데, 그 일이 있기 몇 달 전 서울 사무실을 방문한 본사 부회장 앞에서 한국의 비즈니스 현황에 대해 프레젠테이션을 할 기회가 있었다. 그런데 내 부족한 실력에 비해서 그날의 영어 프레젠테이션은 너무 '심하게' 잘 전달되었다. 기분이 무척 좋았던 부회장은(인사 최고책임자도 겸직했던 그 부회장은 전 세계를 돌면서 참신한 소재를 찾는 데 눈을 부릅뜨고 있었다) 자신의 권한으로 곧 있을 전 세계 인사 담당 임원들의 글로벌 컨퍼런스에 나를 연사Keynote speaker로 세워버렸다. 물론 내게 먼저 할 수 있겠느냐는 질문을 했고, 의외로 그런 일들에 대해서는 일단 지르고 보는 '단무지' 스타일인 나는 하지 못할 이유보다는 해야 할 이유를 떠올리고 준비해서 강의하겠노라고 내질러버렸다.

하겠다고는 했으나 돌아서니 걱정이 밀려들었다. 하지만 그때 나는 우리 회사에 출강을 하던 탁월한 영어교사를 알게 된 상태였고, 그와 함께 체계적이고 집중적인 몇 주간의 주말 코칭을 통해 여한 없이 영어 프레젠테이션을 연습할 수 있었다. 그리고 그해 가을 상하이에서의 내 강의는 나 스스로도 믿을 수 없는 엄청난 성공의 열매를 가져다주었다. 사실 그때 시작된 내 서바이벌식 영어 학습의 역사는 여전히 현재진행형이다.

영어는 커뮤니케이션이다. 즉, 일상으로부터 분리되어서는 안 된다. 나 역시 대한민국에서 정규교육을 받을 만큼 받은 사람이지만, 교실 밖으로 나와 삶 안에서 움직였을 때 비로소 제대로 성장하고 인생의 크고 작은 열매를 맛볼 수 있었다.

그런 의미에서 절대로 되지 않을 것이라는 생각으로 이대로 주저앉느냐, 아니면 작은 결심과 변화로 영어를 중년 이후의 유용한 비즈니스 도구로 발전시킬 것인가에 대한 선택은 전적으로 우리 손아귀에 놓여 있다. 나를 포함해 내 주변에서 중년 이후의 반란을 성공시킨 사람들과 10년 이상 전혀 변하지 않은 '그대로의 모습'을 간직하고 있는 사람들 모두는, 문자 그대로 '그들의 믿음대로' 되었을 뿐이다. 중년의 아름다운 반란은 아주 작은 결심과 행동의 변화로부터 시작된다.

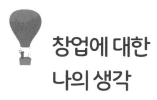

창업에 대한
나의 생각

나의 옛날 이야기

창업을 생각할 때 우리가 가장 많이 떠올리는 이미지는 무엇일
까? 퇴직금에 전 재산까지 몽땅 쏟아 붓고 그것도 부족해 가족·
친지들의 돈도 끌어 모으고, 단 하나밖에 없는 집을 담보로 추가
로 대출을 받은 후, 생소하지만 주변에서 확실히 된다고 부추기
는 곳(가게를 차리든 남의 사업에 투자하든)에 올인하면서 승부수를
띄운다?

　벌써 시간이 꽤 흐른 이야기가 되어버렸다. 평소 친분이 있는
한 헤드헌터로부터 연락이 왔다. 고객 가운데 한 사람이 비즈니
스 코치 한 명을 찾아달라는 요청을 했다는 것이다. 그 고객의
회사는 유럽에 본사가 있는 정밀기계를 생산·유통하는 회사인

데 큰 규모는 아니지만 한국에 지사를 운영하고 있으며, 점차 한국시장의 비중을 높이려는 계획을 갖고 있다고 했다. 한국지사장은 아직 부족한 면이 몇 있지만, 믿을 수 있는 매우 건실한 사람이고 엔지니어 출신이라고 했다. 회사의 창립멤버로서 애사심도 투철하고, 엔지니어 출신이기에 자사 제품이나 시장 상황에 대해서도 전문적인 지식과 경험을 갖추었으나 사람과 조직을 어떻게 효과적으로 관리하고 운영해야 하는가에 대해서는 미흡한 점이 있다고 했다. 그렇다고 그 부족한 몇 가지 부분 때문에 그럴싸한 새 CEO를 외부에서 영입하는 것 역시 무리수가 있는 모험이기에 본사 CEO는 이 한국지사장에게 코치를 붙여서 사람과 조직 관리에 대한 실질적인 통찰력Insight을 터득할 수 있는 기회를 주고 싶어 한다는 메시지였다. 임원 코칭. 전문용어로 소위 '이그제큐티브 코칭Executive Coaching' 과정을 리드해 줄 코치 후보로서 나를 지목한 것이다.

당시 나는 사내에서 많은 매니저들을 훈련시키고 상담해준 경험이 있었지만 외부 고객들을 대상으로 해본 적이 없었고, 그 일을 주업으로 삼는 사람도 아니었다. 한두 차례 정중하게 거절을 했으나 프로필이라도 한번 넣어 그 본사 CEO의 반응을 본 후에 할지 말지를 정해도 늦지 않을 것이라는 설득에 넘어가 버렸다. 그래서 요구하는 관련 서류 — 프로필과 제안서 — 를 작성해 보냈다.

다년간 다국적 기업의 체계화된 시스템 속에 근무하면서 부지불식간에 터득한 능력 가운데 하나가 상대방의 눈높이에 맞춰 문서를 작성하는 것이다. 거기에다 헤아릴 수 없이 많은 CEO 및 고위 임원들과의 인터뷰 경험을 통해, 원하는 일자리를 얻기 위해서 내 이력서와 프로필을 어떻게 작성해야 하는지에 대한 노하우 또한 피눈물이 점철된 실전과 시행착오를 통해 체득해버렸다.

예상했던 대로 본사 CEO로부터 연락이 왔다. 나를 꼭 한 번 만나보고 싶다고. 머릿속으로 잠시 그림을 그려보았다. 시장에서 본업으로 이런 일을 수행하는 전문 코치들이 허다한데, 왜 그 CEO는 내게 먼저 호감을 보였는지에 대해서. 만나면 그 점을 다시 점검해봐야겠다고 생각했다.

그 고객과의 미팅은 순조롭게 잘 마무리되었다. 이제는 조건이었다. 협상의 주도권이 내게 기울고 있음을 느꼈다. 돈은 그렇게 중요하지 않았다. 또한 이 일이 내게 의미 있는 커리어 기록이 될 것은 분명했지만, 못한다고 무슨 큰일이 나는 것도 아니었다. 더 중요한 것은 '이 일을 내가 몸담은 회사에 피해를 주거나 룰을 깨뜨리지 않으면서 해낼 수 있는가'였다.

우선 분명히 전제를 깔았다. 나는 현업에 몸이 묶여 거기서 녹을 받으며 일하는 사람이므로 근무 시간 중에 고객에게 찾아가 코칭을 해줄 수는 없다고. 사실 이런 경우 거의 대부분은 코치가 근무 시간 중에 고객의 근무지로 찾아가 2시간 정도의 코칭세션을 갖는 것이 관례였다. 하지만 나는 그 관례를 깨고 일과시간 이후나 토요일 이른 아침이 서로에게 좋지 않겠느냐는 제안을 했고, 고객의 집 근처 커피숍에서 세션을 진행하는 것으로 합의를 끌어냈다.

다음으로는 형식에 대해 제안했다. 나는 전문업체에 속해서 코칭 활동을 하는 사람이 아니기에 그럴듯해 보이는 적성검사나 역량검사를 통해 보고서를 만들어 주고 그에 맞는 역량을 순차적으로 풀어가는 그런 세션은 현실적으로 할 수가 없다고 솔직하게 고백했다. 대신 철저하게 현장중심, 실무중심으로 코칭을 해줄 수는 있다고 공약했다. 그러면서 현장에서 일어나고 있는 고민이 되는 실질적인 사례를 가지고 오면, 그것을 가지고 토의를 하면서 해결책을 만들어 보자고 제안했다. 다행히 본사의 CEO는 이 모든 것에 대해 본인이 기대한 대로라며 흔쾌히 지지해주었다.

마지막으로 남은 것이 금전적인 조건이었다. 약간의 실랑이는 있었지만, 고객 측에서 많이 양보해주어 합의점에 이르렀다. 이후 그 한국 CEO와 함께한 6개월간의 코칭은 성공적으로 끝났다. 그 뒤에도 나는 몇 차례 애프터서비스를 해주었고, 그와는 여전히 비즈니스 관계를 떠나 좋은 관계를 유지하고 있다. 물론 그 본사 CEO로부터 이례적인 감사의 편지를 받은 것은 너무나 당연한 일이었다.

그런데 내게 그보다 훨씬 중요했던 것은 색다른 경험이나 과외수입 창출 등의 이슈가 아니라 커리어 포커스 무게중심의 점진적인 이동을 통한 퇴직 후의 창업이라는, 작지만 의미 있는 깨달음과 리허설을 경험했다는 사실이었다.

●

피할 수 없는 운명, 우리들의 '독립기념일'

솔직히 나는 샐러리맨의 창업을 논할 입장은 아닌지 모른다. 직접 창업을 해본 적도 없고 따라서 창업의 성패에 따른 빛과 그림자가 무엇인지 피부로 제대로 느껴보지 못했기 때문이다. 다만 우리 모두가 주지하고 인정할 수밖에 없듯이, 나 역시 100세 시대 도래를 앞두고 회사생활만으로는 남은 생의 여러 필요를 채울 재간이 없기에 '창업 운명론'에서 자유롭지 못한 사람이다. 그래서 내가 창업을 한다면 어떤 아이템으로 해야 할지를 고민하기도 했고, 한때는 유망 사업이 무엇인지를 알아보려고 주말에 발품 팔아 가며 정보를 구하기도 했다.

그러나 의욕만 가지고 덤볐다가는 큰코다친다는 것을 깨우쳤다. 더욱이 600만 명에 가까운 자영업자의 월평균 소득이 최저임금 수준에도 미치지 못한다는 세간의 뉴스는 우리 모두를 막연한 두려움과 우울증에 빠지게 하고도 남음이 있다. 그러나 늘 그렇듯이 딱 거기까지인 듯하다. 그런 뉴스를 접하면서도 많은 샐러리맨이 실낱같은 행운을 기대하면서 준비해놓은 비장의 무기도 없이 미치도록 좋아하지도 않는 그 길로 들어선다. 주로 요식업으로 지칭되는 주류의 자영업 말고는 비주류라 하는 다른 영역에서 독자적으로 사업하는 것은 정말 '금지된 장난'일까? 내 주변의 명예퇴직을 한 절대수치의 직장 동료들 역시 요식업에 종사하고 있다. 하지만 먹고살 만큼 안정권에 접어든 이들은 눈 씻고 찾아보기 어렵다. 왜 그들은 적게는 10여 년, 많게는 30년 가까이 나름 자기 분야에서 전문가로 살다가 전혀 접해 본 적도 없고 감도 없는 그 세계로만 들어가는가?

나는 소위 화이트칼라로 지칭되는 많은 샐러리맨들에게 '프리 에이전트'를 거친 후에 창업하는 옵션을 꼭 고민해 보라고 권해주고 싶다. 어쩌면 프리 에이전트 활동의 폭이 확장되어 그 자체가 기대하지 않은 더 큰 규모의 창업이 될 수도 있을 것이다. 이는 대부분의 창업에 비해 초기자본 투자가 거의 없고 따라서 위험부담도 그만큼 줄일 수 있다. 무엇보다도 최소 1만 시간 이상을 한 분야에 매진해 온 우리 내면에는 인생 후반전을 위한 먹거리가 이미 거의 축적되어 있음이 틀림없다. 다만 그 사실 자체를 인식 못한 나머지 어떻게 상용화할지에 대해 구체적으로 고민해 볼 기회가 없었을 뿐이다.

그런데 이 숨어있는 또 다른 나를 찾아내는 것은 회사생활을 좀 더 주인의식을 가지고 해 나갈 때 완성될 가능성이 높아진다. 물론 이후에도 축적된 그 재료를 다듬고 요리하는 절차를 거쳐야 할 것이다. 그래도 냉장고 안에 식자재는 거의 준비되어 있다는 것은 참 다행스러운 일이 아니겠는가!

　나도 그랬다. 확신이 서지 않은 채 코칭에 나섰지만, 나 스스로 인식하지 못했을 뿐 이미 내 안에는 직장에서 경험하면서 축적한 재료들이 가득했던 것이다. 지인이었던 헤드헌터와 그 유럽 본사의 CEO는 정확하게 "시장이 바로 당신의 그 기술을 필요로 한다!"라고 내가 인지 못한 사실을 깨우쳐 주었다.

　물론 시장의 유통망과의 연결고리를 찾는 것은 또 다른 문제일 수 있다. 하지만 앞서 강조한 인적 네트워크 구축과 관련한 내용을 잘 연구한다면 그 역시 방법을 찾아낼 수 있을 것이다. 그 이후에 정말 먹고 살 수 있는 안정적인 단계까지 가기 위해, 수희향 씨가 자신의 저서 《1인 회사》에서 주장했듯, '과거의 일로부터 승부를 결만한 일로 진입하는 일'을 거쳐 다시 '수입의 집중화' 그리고 '수입의 재다각화'까지의 새로운 이정표를 다시 차근차근 거쳐야 할지도 모르겠지만, 근거 없는 자신감을 갖고 맨땅에서 헤딩하며 시작하는 것보다는 이 길이 훨씬 더 현명하고 성공률이 높을 것이라는 것은 자명하다.

　'프리 에이전트Free Agent'란 거대 조직체의 굴레로부터 벗어나 자유롭게 자신의 미래를 스스로 책임지는 독립노동자 전체를 아우르는 말이다. 원하는 시간에 원하는 장소에서 원하는 만큼 원하는 조건으로, 그리고 원하는 사람을 위해 일하는 사람을 일컫는다. 흔히 부업이나 아르바이트 개념으로 말하는 '투잡스'가 현재 정규직으로 고용계약을 맺고 있는 회사의 일이 끝난 후 또 다른 일을 하는 것이라면, '프리 에이전트'는 좀 더 체계화된 전문성을 가지고 나 스스로를 '작지만 강하고 유연한' 1인 기업가로 독립시키는 것을 의미한다고 할 수 있다.

내가 처음으로 프리 에이전트라는 단어를 의미 있게 접한 것은 1990년대 후반이었다. 지금도 여행이나 등산 그리고 해외출장이건 국내출장이건 낯설고 새로운 곳으로 떠나는 것을 무척 좋아하지만, 당시에는 시시때때로 배낭 하나 둘러매고 훌쩍 한국을 떠나 해외 배낭여행을 즐겼다. 그것이 인연이 되어 홍콩 모 인터넷 여행사의 한국 담당 기자 자리에 지원하게 되었다. 출퇴근하는 것은 전혀 아니고 주말과 일과 후의 짬을 이용해 한국의 명소를 취재한 후 사진과 기사를 홍콩으로 전송하는 일이었다. 정상적인 직장에 몸을 담고 있는 상태에서 전화로 인터뷰하고 에세이를 쓰는 등 새로운 도전을 했었다. 비록 그 일이 큰 결과물을 가져다주진 못했지만 그 경험으로 우리가 프리 에이전트 시대의 영향권에 들어서고 있음을 깨달았다.

여전히 이 이야기가 나와 상관없는 먼 나라 이야기로 느껴진다면 내 친구 이야기를 들려주고 싶다. 실제 이름보다 '강 대장' 이라는 호칭이 더 자연스럽다는 이 친구는 엄청난 등산 마니아다. 지난 20여 년간 주말은 거의 한 주도 빼놓지 않고 대한민국 명산대천을 즐기며 시간을 보냈다. 그래서 그는 반백半百의 나이에도 순수한 영혼과 강철 같은 체력 두 가지를 모두 갖추었다. 원체 남을 배려하는 성격이다 보니 그의 이러한 심성과 등산 실력을 알아본 사람들이 이따금씩 그에게 산행 가이드를 해달라고 요청해서, 그는 아마추어 등산 가이드로도 꾸준히 활동을 해오고 있다. 꽤 규모 있는 등산 동아리의 대장으로 매주 그 모임을 이끌고 있고, 사람들을 데리고 히말라야도 몇 번 다녀왔다.

그런 그는 등산을 하면서 자연스럽게 사진촬영이라는 또 하나의 취미를 덤으로 얻었다. 워낙 자연을 사랑하고 숨겨진 비경을 사람들과 나누고 싶은 마음이 크다 보니 그 솜씨가 취미를 넘어서 예사롭지 않은 수준까지 발전했다. 이미 개인전도 세 번이나 열었고, 사진에 관한 책도 한 권 출간했고, 또 한 번의 책 출간과 사진전이 계획에 있다. 마음이 부자여서인지 얼마 전에는 개인전에서 얻은 수입 전액을 지진 피해를 입은 네팔 어린이들을 돕기 위해 기부하기도 했다.

이렇게 멋지고 낭만적인 인생을 사는 이 친구의 본업은 사실 전문 비즈니스 컨설팅업체의 전무이사다. 이 일로 많은 돈을 번 것은 아니지만, 취미를 넘어선 제2의 삶을 통해 인생 후반전을 위한 좋은 씨앗을 착실하게 뿌려놓은 상태다.

그런 그가 이런 이야기를 한다. 후반전에는 그동안 뿌려놓은 것을 수확하면서 일 못지않게 자기에게 의미가 되어준 것들과 더불어 살아가고 싶다고.

이제 창업은 피할 수 없는 운명으로 다가오고 있다. 이 땅의 모든 샐러리맨들이 각기 자기가 몸담고 있는 분야에서 유일무이한 가치를 지닌 핵심인재가 되어 회사를 해고할 수 있는 인재로 거듭나기를 소망한다. 그러나 동시에 이 과정 속에서 또 하나의 '스페어 타이어'를 준비하는 혜안을 얻었으면 한다. 특별한 성공을 원한다면 남들이 가지 않는 길로 갈 필요가 있다. 개념과 방법을 바꾸어 이를 위한 연습 게임을 해보자.

우리 안에는 이미 큰돈을 벌지는 못하지만 배우자와 오붓하게 노년을 보낼 정도의 주특기와 소소한 기술은 분명히 축적되어 있다. 이런 것들을 너무 쉽게 놓치지 않았으면 좋겠다. 그것이 진정한 우리들의 '독립기념일Independence Day'을 조금 더 앞당겨 줄 것이 분명하기 때문이다.

이제 세상을 향해
도전장을 던질 당신에게

"The whole world steps aside for the man who knows where he is going(세상은 갈 길을 알고 전진하는 자에게 길을 비켜준다)."

언제부터인가 이 속담은 내가 가장 좋아하는 글귀가 되어버렸다. 그리고 치열하게 보낸 내 지난 커리어 여정을 가장 잘 함축한 표현이기도 하다. 수많은 시행착오 속에서, 이제는 그만 떠나야 하는 것이 아닌가 하는 절망 속에서 한 번 더 나를 일으켜준 말이었다.

이역만리 유럽 땅 함부르크에서 해고 통보라는 불의의 일격을 당하고 계획보다 한참 빨리 한국으로 돌아와야만 했던 상황. 나 없이는 여행 한 번 혼자 떠난 적이 없던 가족들의 불안한 눈빛을 뒤로 하고 독일 함부르크 공항을 떠나 덩그러니 홀로 귀국을 했다. 한겨울에⋯. 조금 쓸쓸했다.

인생이라는 이야기가 때로는 냉정하고 혹독하게 전개될 때가 있다. 인천공항에 도착했는데 당연히 아무도 나와 있는 사람이 없었다. 소위 '인재' 소리를 들으며 독일행 비행기를 탈 때는 참 요란스럽게도 여러 사람이 배웅해주면서 마지막까지 에스코트를 해주었는데, 정작 내 나라에 들어올 때는 단 한 사람 마중 나온 이가 없었다. 성공해서 금의환향한 것도 아니니 왁자지껄하게 난리 칠 필요는 없었지만, 귀국 현장의 쓸쓸한 공기는 내가 처한 현실을 실감하기에 충분했다.

기약은 없지만 그렇다고 마냥 늦출 수도 없는 데드라인 안에서 어쨌든 나는 내 살길을 찾아야만 했다. 물론 표면적으로는 한국지사 인사부로 복귀시켜 예전 하던 일을 할 수 있게 배려해주었지만, 후임자로서의 역할을 잘해내고 있는 내 후배에게 '옥상옥屋上屋' 같은 존재가 되어 밥그릇을 나누는 것은 부끄러운 일이었다.

한국지사장과의 어색하기만 했던 해후. 한때는 나를 가장 믿고 후원해주던 든든한 조력자가 아니었던가? 우리는 정말 찰떡궁합이었다. 그러나 거기까지였다. 이해할 수 없는—아니 받아들이기에 자존심이 상했다는 표현이 더 맞을 것 같다—급여를 제시받고 이성적으로 이견을 말하려는 내게 그는 무덤덤한 표정으로 "받든지 떠나든지"라는 참으로 명쾌한 결정타를 날렸다. 그 순간 나는 정말이지 정신 바짝 차리고 회사 밖의 다른 기회를 빨리 찾아 아름다운 이별을 해야겠다는 결심을 할 수밖에 없었다.

아무리 노련한 선수라도 코너에 몰리면 어깨에 힘이 들어가 아무 볼에나 배트를 휘둘러 헛스윙할 소지가 다분하다. 그때 나는 오로지 다음 목표만을 생각하고 움직였던 것 같다. 패색이 짙은 게임을 역전시키기 위해 무슨 수를 쓰더라도 '출루'만은 해야겠다는 마음으로 타석에 들어선 타자의 심정이랄까? 주변 상황은 불리하게 보였고 경제 상황조차도 IMF 경제위기의 악몽을 떠올리게 하는 최악의 글로벌 금융위기라고 언론에서는 연신 떠들었다.

그런 와중에 정말 운 좋게도 몇몇 기업과 연이 닿기 시작했다. 몇 군데 지원을 했다. 그런데 참으로 아이러니하게 이 정도라면 내가 한번 지원해볼 만하고 합격도 가능할 것이라고 내심 자신했던 곳에서는 죄다 '미역국'을 먹었고, 규모가 가장 크고 수준도 높아 쉽지 않겠다고 생각한 기업, 그래서 오히려 '어깨에 힘을 빼고' 큰 기대 없이 부드럽게 스윙한 이베이코리아로부터 뜻밖에 최종 오퍼를 받게 되었다.

정말 이별을 준비해야 하는 시간이 온 것이다. 그래도 내가 먼저 자리를 찾아내 스스로 회사를 떠나는 모양새를 만들었으니, 결국에는 아름답고 당당하게 떠날 수 있게 된 것이다. 불황 여파로 재무적으로 녹록지 않은 회사 상황과 회사 안에서의 내 애매한 위치 등으로 공식적인 송별회는 할 수 없었다. 몇몇 가까운 동료들과만 비공식적인 저녁식사를 예정했는데 사장님을 포함한 거의 모든 직원이 모였다. 너무 고마워 말문이 막혔다. 그러다가 4차까지 갔던 마지막 자리에서 여러 가지 복잡한 심경이 폭발해 울컥하고 말았다. 잘은 기억나지 않지만 자리에서 일어나 무언가를 이야기했다. 그리고 내가 좋아하는 명언, "세상은 갈 길을 알고 전진하는 자에게 길을 비켜줍니다The whole world steps aside for the man who knows where he is going"라는 메시지와 함께 이별 인사를 마무리했다.

●
What's next?

세상은 갈 길을 알고 전진하는 사람에게는 결국 길을 비켜주게 되어 있다. 직접 경험했고, 수많은 지인들의 사례를 목격했고, 책을 통해서도 지겹도록 접했다. 그리고 중년의 샐러리맨들에게는 지금 그 어느 때보다도 이 말이 절실히 필요하다. 그러나 조건이 있다. 적어도 내가 어디로 가고 싶고 어디로 가야 할지는 정해놓아야 한다는 것이다. 또한 최종 결정 역시 스스로 내려야만 한다.

얼마 전 나의 멘티 한 명이 찾아왔다. 좋은 곳에 취직이 되었다며 이 소식을 내게 직접 전해주고 싶었다고 한다. 나를 통해 작은 열매를 맺는 젊은이가 한두 명씩 자꾸 늘어나고 있다는 사실은 정말 기쁜 일이다. 헤어지기 전에 이 친구가 이런 이야기를 했다.

"오늘 아침에 일어나서 지난 1년 동안 멘토님과 만나면서 열심히 필기하고 정리한 멘토링 노트를 보며 너무 행복했습니다. 그때의 배움과 깨우침이 쌓여서 오늘 이런 열매를 맺게 된 것에 너무 감사했습니다."

하지만 이 기쁨 속에서 이 친구는 혼란스러운 현실 하나를 접했다고 했다. 새롭게 직장생활을 준비하면서 이미 직장생활을 하고 있는 주변의 가까운 선배들을 만났다고 한다. 사회 초년병으로서의 직장생활의 팁 같은 것을 얻고 싶어서. "형의 다음 목표는 뭐야?" 자신이 던진 이 질문 앞에 주저하며 꽁무니를 빼는 선배들의 모습은 출발선에서 신호를 기다리는 이 친구의 기를 꺾기에 충분했었나 보다.

그런데 시계를 거꾸로 돌려서 30대 중반까지의 철없는 나를 바라보니, 나 역시 그들과 별반 차이 없는 모습이었다. 그냥 무엇을 할지 모른 채 구속을 싫어했던 한 사람. 열심히 살지 않은 것은 아니었으나, 몸담고 있는 조직에서 매니저라는 신분을 받고 본격적으로 일하기 전까지의 내 모습은 방황의 연속이었다. 학창시절에는 막연하게 그냥 직장생활이 매력이 없어 보여 교수가 되겠다는 꿈을 꾸었고, 학자가 되기 위해 공부한답시고 진학을 시도했다. 하지만 정치력 없이(손바닥을 전혀 비비지 않고) 순진하게 엉덩이에 굳은살만 붙여서는 쉽게 학자가 될 수 없다는 현실을 처음 깨우쳤다.

순수한 열정에 금이 가는 것을 느끼며 미련 없이 육군 장교시험을 치르고 최전방으로 들어갔다. 대한민국 사람 다수가 앓고 있는 대기업병에 희한하게도 걸리지 않아 여전히 일반 직장에는 별반 매력을 느끼지 못하고, 국가정보기관 요원이 되는 꿈을 꾸며 군복무에 임했지만 이 또한 이루어지지 않았다. 결국 나는 손에 남아 있던 한 장의 대기업 합격증을 갖고 시큰둥하게 사회생활에 첫발을 내디뎠다.

그러나 여전히 신기루 같은 무엇인가를 찾아 헤맸다. 유학도 생각해보고 사업도 생각해보고 중견기업으로의 이직도 시도해보고 평생 여행가로 살겠다는 꿈도 꾸며, 직장생활의 무료함을 달래기 위해 틈만 나면 배낭 하나 둘러매고 훌쩍 해외 여행을 떠나기도 했다.

아버지는 도피하듯 퇴직과 일탈을 시도하려는 내 모습을 걱정하셨고, 집사람은 내가 새로운 변화에 도전하는 것을 불안해했다. 주변 친구들은 왜 그렇게 나그네 같은 삶을 사냐고 질책 어린 쓴소리를 던졌다.

다국적 기업으로 장을 옮겨 새로운 돌파구를 찾아봐야겠다는 어렴풋한 생각과 또 몇 년간 '미역국'만 먹었던 생활. 어설픈 결심을 확실한 실천으로 옮겨야겠다고 굳힌 것은 과장 승진이 누락된 무렵이었던 것 같다. 방황을 종식시키고 내 커리어의 전환점을 마련해준 실마리는 앞서서 그 길을 가고 있던 한 직장 선배의 뼈 있는 질문 하나로 시작되었다.

"그래서 그 다음은 뭐할 건데 What's next?"

나의 멘티가 자신의 선배들에게 던진 그 당돌한 질문을 내 직장선배가 돌직구로 던진 것이었다. 아무런 대답을 못했다. 나는 나아갈 길을 알고 전진하는 자도 아니었고, 바로 눈앞의 목표를 두고 전력으로 "돌격 앞으로!" 하는 사람도 아니었다. "What's next?"라는 질문을 스스로 재차 던졌지만 결국 마음에 드는 답을 찾지 못했다. 대신, 지금 이 자리에서 바로 눈앞에 떨어진 지상명령에 충실하며 정말 부끄럽지 않게 최선을 다해보는 것이 순서라고 스스로를 다독였다. "What's next?"라는 질문에 의미 있는 답을 스스로 내릴 수 있을 때까지 말이다. 그리고 한 걸을 한 걸음 지금의 자리까지 걸어 온 것 같다.

미로 속에서 계속 헤맸지만 나는 계속 움직였다. 세상을 향해 전진하고 싶었다. 그리고 이제는 사람들에게 이렇게 외친다. 움직이라고, 전진하라고.

얼마 전에 체력을 좀 더 잘 관리하고 싶어 짐마일로 이기원 대표가 쓴《운동 미니멀리즘》이란 책을 읽다가 한 가지 단순하지만 중요한 진리를 깨우쳤다. 이기원 대표는 "질병은 운동 금단 현상"이라고 주장한다.

"은행나무는 빙하기에도 살아남고 히로시마의 원자폭탄 투하에도 아랑곳없이 다음 해에 싱싱한 새싹을 틔울 정도로 생존력이 강하다고 합니다. (중략) 그런데 이러한 나무도 꼼짝 못하게 하는 게 있으니 '옮겨 심는 것'입니다. 식물은 한자리에 심어져 있어서 식물植物입니다. 반면 동물은 먹고 살려면 움직여야 해서 동물動物입니다. 그래서 옮겨진 식물이 시드는 것과 마찬가지로 동물은 옮겨 다니지 않으면 시듭니다. 그런데 동물들 중에서 직접 먹이를 구하는 활동을 하지 않는 유이唯二한 존재가 있습니다. 바로 인간과 개입니다. (중략) 개미는 체중의 30배를 들 수 있고, 고양이는 키의 5배 높이까지 점프를 할 수 있습니다. 하지만 인간은 대부분 자기 체중만큼도 들지 못하며 자기 키의 반도 점프하지 못합니다. 같은 영장류를 보아도 인간과 침팬지의 근육구조는 거의 같지만 침팬지는 사람보다 2~3배 정도 힘이 더 세다고 합니다."

나는 커리어의 퇴보나 정체 역시 전진하지 않음으로 인해 생겨난 '금단현상'이라고 생각한다. 전진한다는 것이 무조건 이직하는 것을 뜻하지는 않는다. 지금 있는 자리에서 한 발자국 움직여 변화를 시도하는 것, 내가 가진 자산을 활용하려는 작은 시도, 그것이 곧 전진의 시작이다.

우리가 관리하는 커리어 통장계좌에는 내 의지대로 사용할 수 있는 상당 금액의 잔고가 있는데 우리 대부분은 그것을 인식 못한 채 사장死藏시키고 있다. 시간이 흐르면 그것은 휴면계좌가 되어 내가 지닌 엄청난 잠재력과 능력은 발현되지 못한 채 수면 아래로 묻히고 만다. 결국 우리가 가진 커리어는 근력을 모두 잃고 자기 체중만큼의 시련도 감당하지 못하고 자기 키만큼의 장애물을 뛰어넘을 엄두도 내지 못하고 있다. 그러니 이제라도 움직이자. 계속 다음 목표What's next를 생각하면서.

정말이지 세상은 갈 길을 알고 전진하는 사람에게 길을 비켜준다. 많은 중년의 샐러리맨들이 꽉 막혀 있는 도로 위에 자신이 갇혀 있다고 생각한다. 그러나 갇혀 있는 것이 아니라, 어쩌면 우리 스스로 그냥 멈춰 있는 것은 아닐까? 과거와 똑같은 시각으로 세상을 바라보면 움직일 수 없다. 선뜻 움직일 용기도 나지 않는다.

여기에 하나 더, 아이러니하게도 가장 가까운 사람들, 우리를 사랑하는 사람들은 처음에는 대개 우리들의 변화와 도전을 반대한다. 어쩌면 여기에 가장 큰 함정이 있는지 모른다. 우리로 하여금 영원히 한곳에 정체되어 본래의 야성과 운명을 포기하게 만드는 함정 말이다. 하지만 이로 인해 우리를 포함한 가장 사랑하는 사람들은 현재보다 더 꽉 막혀 있는 곳에서 고사당할지도 모른다.

이 책에서 간간이 언급한 나침반과 같은 커리어 로드맵, 즉 커리어의 장기적인 플랜 그리고 단기적·중기적인 플랜을 균형 있게 갖고 가는 것은 참으로 중요하다. 그러나 그것이 너무 커보여 지금 당장 엄두가 나지 않는다면 "What's next?"라는 질문을 스스로에게 던지며 지금 여기서 한 걸음만 떼어 보자. 전진하기 위해서 그리고 내일을 위해서. 그 가운데에서 예기치 못한 또 다른 새로운 길을 분명히 발견하게 될 것이다.

분명히, 너무도 분명하게도 세상은 길을 향해 전진하는 우리들을 위해 길을 비켜줄 것이다.

선택의 기로에 선 직장인을 위한
커리어 성공 법칙

나는 회사를 해고한다

초판 1쇄 2015년 9월 2일
    2쇄 2015년 11월 2일

지은이 | 한준기

발행인 | 노재현
편집장 | 서금선
책임편집 | 한성수
디자인 | 권오경
조판 | 김미연
마케팅 | 김동현 김용호 이진규
제작지원 | 김훈일

펴낸 곳 | 중앙북스(주)
등록 | 2007년 2월 13일 제2-4561호
주소 | (135-010) 서울시 강남구 도산대로 156 jcontentree빌딩
구입문의 | 1588-0950
내용문의 | (02) 3015-4511
홈페이지 | www.joongangbooks.co.kr
페이스북 | www.facebook.com/hellojbooks

ISBN 978-89-278-0674-5 03320